擁抱受傷的內在小孩

瞭解真實的自己，看見自己的傷痛，
找回療癒自己的能力

叢非從　著

高寶書版集團

這個世界會拋給你各種問題
你缺少的從來不是方法，而是底氣。

叢非從

喵~

嬰兒時期的我們，是非常弱小的。
隨著獨立能力增強，
如果我們能意識到自己在變強大，
那麼對安全感的需求就會相對減少。
但如果意識不到，
內心依然覺得自己很弱，
就會覺得特別沒有安全感。

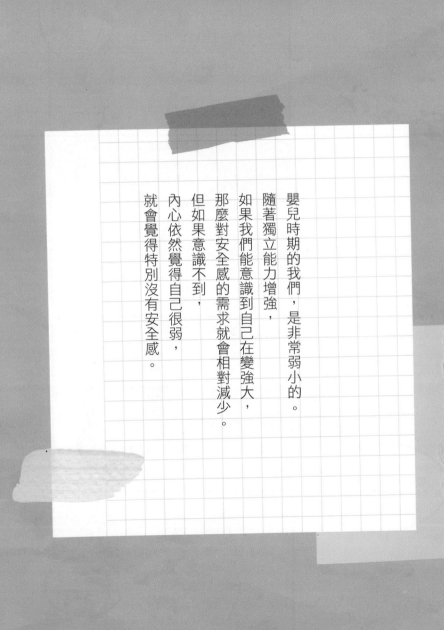

我喜歡這個，
但他們不喜歡，
還是不買了。
討好

你主動表白，
他一定會答應的。
逃避
我不要，
我不要，
我不要。

這種小事
都做不好！
指責

我要跟他好好
講講道理！
講道理

一個人不管看起來
是強勢的還是卑微
的，背後都很可能
是極度缺乏安全感。

當你感到沒有安全感的時候，
你可以靜下心來，仔細想想：
你在擔心什麼危險？
這個危險有幾分真實？
傷害有多大？
機率有多大？
你的承受力有多大？
判斷一下，然後調整自己。

跟我一起住吧。
喵~
怕孤獨、
怕黑
怕鬼
好窮啊！下個月還有好多聚會……
怕沒錢
餘額：
PEI PEI
今天好開心！
害怕被拋棄
沒找我……

沒有安全感，實際上是體驗到了某種不可應對的危險。

人就是這麼矛盾，
一方面需要愛，一方面又拒絕愛。
一個人拒絕愛的邏輯就是：
只要你沒有依照我期待的樣子去做，
只要你沒有讓事情依照我期待的樣子發生，
這通通都在說明你不愛我，
說明你不在乎我、不重視我、不認可我、
不喜歡我、不……

沒吃完我煮的麵，就是不在乎我。
泛化
扭曲
看手機就是不尊重我！
對愛視而不見
我討厭這個顏色！
你為什麼老是這樣！
攻擊
當你體驗不到被愛的感覺，不是因為沒人愛你，而是……

當一個人的內心感到安全，
確定自己沒有面臨危險，
或者此時的他應對外界的困難有了一定的自信，
不再擔心自己的生存時，
他便有了追求自由的衝動。

他會開始產生疑問：
「我是誰？」
「我可以做什麼？」
「我可以做自己想做的事嗎？」
「我可以跟隨自己的感覺走嗎？」
「我可以任性嗎？」
「任性是愉悅的，我可以擁有這種愉悅嗎？」

有小腹又沒關係，
我又不是模特兒。
替自己解鎖

我的想法也很重要！
識別想法

不行，這個兩天
我肯定做不完。
學會拒絕

堅持

多給自己一些
自由，讓自己
活得更舒服。

序言

我們活著就會面臨很多問題，這些問題解決不了，內心就會產生痛苦。

工作不順利，會痛苦；

孩子不聽話，會痛苦；

伴侶不順心，會痛苦；

成績上不去，會痛苦；

房間特別亂，會痛苦……

生活的煩惱就像打開水龍頭的自來水一樣，源源不斷地往外流，而我們怎麼樣都找不到關掉的那個閥門。

很多人解決煩惱的方式非常單一，哪裡有問題就去解決哪一個部分，頭痛醫頭，腳痛醫腳。孩子不聽話，就想辦法讓他聽話；伴侶不願意分擔家務，就跟對方吵架；

工作時遭遇不公平的待遇就辭職走人，這些方法實際上既白費力氣又毫無效率。

有的人比較理智的時候會換個方法，會學習很多技巧，但是依然解決不了根本問題，因為這個問題解決了，類似的問題還是會出現，根本就是「顧一不顧二」。

根本問題是什麼呢？

是你內心的需要沒有被滿足。

所有外在問題都只是表面，你解決了這個，卻還有那個。

只要你內心的需要還沒有被滿足，現實的問題就解決不完。

你覺得這個伴侶有問題，你再換十個伴侶，有很大的機率無非是問題的嚴重程度不同罷了——除非你的某個伴侶非常聰明，能滿足你內心的需要。

當你跳出問題本身並且開始從內心需要的角度思考問題時，你便掌握了解決痛苦的鑰匙。

我們內心需要的是安全感、自由、價值感、意義、親密，這五大需要構成了我們所有現實煩惱的核心。比如，當孩子玩遊戲、不寫作業時，你很生氣，這其實是因為他啟動了你內心的不安全感，你在為他的前途感到擔憂。即使他不玩遊戲，跑去寫作業了，只要他還有其他會自毀前途的可能行為，你依然會焦慮、依然會憤怒。

同時，孩子不寫作業，你就不得不花大量時間來為他操心，這讓本來就疲憊不堪的你特別煩。你幻想並需要他是一個很乖的孩子，這樣你就可以從他身上得到解脫，去做你想做的事。所以，你憤怒的另一個原因是——你的自由被剝奪了。

如果你沒有滿足自己自由需求的能力，你就會發現，即使孩子不占用你的時間，家務、學習、工作、親戚……另外一大堆事情也會限制你做自己想做的事。

此外，孩子不寫作業還有可能還會引起你內心的挫敗感，會讓你覺得這代表你不是個好父母，你內在的價值感低落被啟動了。如果孩子寫完作業，而你的價值感依然匱乏，那麼你可能會在不小心犯錯時把憤怒的矛頭指向自己。

孩子不寫作業也會啟動你內心的無助。你會想，為什麼你沒有一個在乎你、支持你、可以幫你一起教育孩子的另一半呢？這種缺乏親密關係的無助感也會促使你把矛頭指向孩子，讓孩子無意間「背鍋」。當你在伴侶關係、家庭關係、社會關係……任何一種關係中體驗到很深的親密感之後，你會發現，你對孩子的寬容度增加了百倍、千倍。

當你糾結於這些問題時，你就沒有時間去追問自己「我為什麼要活者？我活著的意義是什麼」了。你內心的匱乏感才是問題的根源，當你開始從內心需要的角度去思

考問題時，你就走上了獨立、強大、自主之路。

所謂的內心強大，就是能照顧好自己內心的需要，以飽滿的姿態應對不停變化的外部世界。這個世界會扔給你各種問題，但只要你內心堅定，就足以產生出很多的智慧去解決。然後，這些問題都會成為你的經驗，讓你更強大。

你缺少的從來不是方法，而是底氣；而底氣，來自內心的豐滿。

小時候，爸爸、媽媽教會了我們如何照顧自己的身體，卻較少教我們如何照顧自己的內心。

如果你沒學過，那麼現在你可以開始學習，學習重新養育你自己。

如此，你就是內心強大的人。

目錄
Contents

Chapter 5 意義感

Chapter 6 親密感

目錄
Contents

Chapter 1
關係、需要和愛

01 關係是由需要組成的

◆人爲什麼要跟他人建立關係

關係對每個人來說都是一件很重要的事，無論在哪裡，我們每天都生活在形形色色的關係中。在我們很小的時候，我們就已經學會和玩得來的朋友建立友誼關係了；長大之後還會和要好的同學建立同儕關係、和老師建立良好的師友關係；走入職場和同事建立不近不遠的共事關係等。隨著我們人生經歷越來越豐富，我們會和不同的人建立不同、多樣的關係，一切看起來那麼的自然。

當關係不順遂時，我們會透過很多方式去處理關係問題，比如透過討好、指責、講道理、誘惑、交換、冷漠、暴力、逃避等方式企圖處理關係，處理不好的時候，我們會感到非常疲憊。

很多時候，處理關係並不是一件愉悅的事情，我們總是忙著處理關係中的種種問題，但很少去思考一個基本問題——人為什麼要與他人建立關係呢？為什麼一定要跟某個人建立關係呢？

因為人的內心有需要，而關係就是滿足我們需要的重要存在。

一個人要在這個社會上活下來並盡可能地活得好一點，他需要太多條件了。外在，人需要有食物、空氣、金錢、社會資源、名譽、地位、汽車、住房、美景等；內在，人需要被愛，需要尊重、關心、認可、陪伴等。在這些需要中，有些是可以允許不被滿足的，有了則可以活得更好；有的則是必須被滿足的，有了才能活下去。

我們有三種途徑獲取自己生存的需要：

1. 依靠自己的能力創造自我滿足。
2. 依靠大自然的恩賜給予。
3. 依靠關係從他人那裡獲得滿足。

人本身具有脆弱性和局限性，一個人的力量不足以對抗所有的問題和困難，所以人必然需要他人的支援來完善自己，需要他人的力量來為自己做一些加持，來讓自己更加完整與圓滿。人類也是因為懂得相互需要、相互協作的智慧才建立了偉大的文明，同時也構成了複雜的人際社會，形成了多樣的人情關係。

所以，關係的建立是源於我們對他人有需求。我們跟一個人建立關係，就必然會對他存有需求；沒有需求，也就不需要去建立和維繫關係了。

那我們什麼時候會渴望關係呢？

當我們內心有需要，並且自動判斷透過關係比透過其他方式更容易實現時，我們就會產生建立關係的渴望，並會主動去尋求關係。

關係是基於需要產生的，只要有關係，就必然有需要。

你內心的需要越強烈，你對關係的渴望就越濃。

只有需要持續地存在，關係才有維持下去的動力，一個人如果不想維繫關係了，說明他對你沒有需要了，或者覺得你已經無法滿足他的需要了。這也意味著，處理關係其實就是處理需要。

◆同一種關係，每個人的需求是不同的

我們先來說婚姻關係。你對婚姻的需要是什麼呢？

有的人覺得一個人太孤單，需要被長期且穩定地陪伴；有的人覺得一個人的生活壓力太大，需要另外一人幫自己創建美好生活；有的人覺得自己不夠優秀，需要找個優秀的人實現內在的價值感。不同的人有著不同的需要，也就會因為自己不同的需要去選擇不同的人結婚。

再比如說，親子關係。你是為了什麼而生孩子呢？有的人覺得不生孩子的人生是不完整的，那麼他就是為了滿足自己內心的完整感而生孩子；有的人覺得正常人就是應該生孩子，那麼他就是為了滿足內心的秩序感而生孩子的；有的人是為了要傳宗接代而生孩子，那麼他就是要透過生孩子來消除自己內心的漂泊感。

人看起來是在自然而然地結婚生子，其實背後都是有著不同的推動力在作用著，因為人不會無緣無故地去做選擇。

再比如說同儕關係。我們雖然都會上學，但未必都會有同儕關係。有的人一心想著讀書，埋頭苦讀，他並不想跟同儕建立關係；但有的人需要透過同儕的幫助來提升自己的學習成績，或者想透過同儕的認同來獲取價值感，想透過同儕獲得生活上的其他幫助，他就會想著跟同儕建立關係。

同一種關係，內在的需要可能完全不同。所以，世界上也沒有什麼可以通用的處理關係方式，只有深入去看看自己需要的是什麼，才能更好地處理關係。

◆同一個關係裡，會有不同的需要

人會為了滿足自己的某個需要而跟一個人建立關係，但自己對他人的需要又不是單一的。比如說選擇工作關係，你可能需要一個錢多、事少、離家近又穩定的工作，需要一個脾氣好、寬容你、指導你、幫助你、尊重你的主管或上司，如果這些需求你都想滿足，你就很難找到一份滿意的工作。你會因為某些需求被滿足而選擇了這份工作，也會因為別的需求沒有被滿足而心生不滿。

比如說親子關係，你生了一個孩子，你既需要他懂事聽話，又需要他讀書上進，還需要他外向開朗、做事不拖延，需要他省心、省力又需要他讓你有面子，但這麼完美的小孩很難有，於是你就會對自己的孩子有諸多不滿意。

你對一個人有多種需要，而他無法全部滿足你，你就會對他心生不滿，你們之間的矛盾就有可能因此不斷升級。

◆關係中的需要會變化

當你剛開始認識一個人的時候，你對他的需要並不會太多，但隨著你們的互動時間增長，你對他的需要就會產生變化。人就是這樣，一旦識別到了一個人可以滿足自己的某些需要，就會無意識地渴望他滿足自己更多。

在關係建立後，人原本的需要被滿足了，但同時別的需要又會出現；或者原有的滿足感因為某些原因在削弱，無法繼續維繫，這時候對方就又變成了一個無法滿足你需要的人了，這段關係也就無法再繼續給你想要的滋養。

比如說婚姻關係，我有一個來訪者，他曾經因為男朋友對他非常好而感動結婚。婚前無論他有什麼事，男朋友幾乎都能隨叫隨到，會事無巨細地關心他的生活，陪他處理各種瑣事與問題，讓他在被關心、被重視方面的需要得到了極大的滿足。

但在結婚後不久，他開始各種各樣的嫌棄：嫌棄老公為什麼不上進，嫌棄他為什麼總愛做一夜爆富的夢，嫌棄他為什麼能這麼安於現狀。這時候，他又在老公身上寄託了過更好生活的需求，可是這個男人已經無法滿足他了，他們就會因為他的各種不滿而吵架，變得矛盾重重。

再如親子關係，有的人生了孩子之後，最初想要有一個孩子的需要被滿足了，他是很喜悅的。但隨著孩子長大，他還需要孩子聽話來滿足自己的掌控感，還需要孩子好好讀書學習來滿足自己的面子，還需要孩子乖巧不吵鬧來滿足自己想去哪裡就去哪裡的自由。這時候如果他這些新的需求沒有得到滿足，就會對孩子產生不滿，也就會與孩子之間產生各種各樣的矛盾。

人的需要是動態的，無時無刻不在變化著。

◆矛盾是「需要」失敗的結果

如果對方可以完美地貼合你的需要，隨著你的需要變換出各種滿足你的能力，這當然是最讓人滿意的，但是這是不可能的，所以隨著相處時間變長，人與人之間產生矛盾也是必然的結果。

當你需要他，他卻不滿足你，你卻執著於想從他那裡得到滿足，這就是矛盾的根源。矛盾，就是在關係中自己的需要沒有得到滿足而產生的不滿。因此，處理矛盾的本質，其實就是處理自己的需要。

這時候如果你想好受一點，你就需要學習處理自己的需要。

有的人會覺得：「明明是兩個人的矛盾，為什麼我要去處理自己的需要？」是的，兩個人的矛盾是這樣的：你跟他有矛盾，他跟你有矛盾，這是兩件事；在同一時間發生，也是兩件事。

你對他不滿，就需要去處理你的需要；他對你不滿，則他就需要去處理他的需要。他不想處理怎麼辦？你處理你的就行了。

02 需要不是愛，需要是愛的反面

✦需要是一種索取，愛是一種付出

經常有人說：「我需要他是因為我愛他。我多麼多麼在乎他，多麼離不開他，我愛他愛到無法自拔。」在很多流行歌曲裡，也經常傳唱著因為不能接受對方的離開而「心痛到無法呼吸」，我們也時常被這種「愛」和故事感動，心想如果一個人這麼需要對方，沒有對方就不能活，那他們的感情一定很深吧，他一定是非常非常愛對方吧。

但如果一個人把自己寄生在另一個人身上，這樣的愛是會讓人窒息、是非常可怕的，這是一個人自我感動的獨角戲：需要就是需要，怎麼能以愛的名義來假裝偉大呢？

需要並不是愛，需要與愛，互為相反數。

需要的意思是我希望你來滿足我，是希望你做一些事情來讓我心裡感到舒服，是你要以我為中心，是想要你服務於我；愛則是我想要滿足你，是我想做一些事情來讓你的心裡舒服，是我想要以你為中心，是我想服務於你。

需要是你要滋養我，愛是我想滋養你；需要是一種索取，愛是一種付出，兩者完全出於不同的動力——一個是「你要為我做」，一個是「我想為你做」。

有的人在難過的時候，會吶喊「我這麼在乎你，你卻……」，有的人在憤怒的時候會覺得「我都是因為在乎你，才……」。在他們的想像裡，這種在乎是自己很愛對方的表現，實際上只是出於自己的一種需要：是你很需要對方來愛你，而非你很愛對方。你覺得很難受，是因為你需要他陪你；你覺得很生氣，是因為你需要他哄你；你覺得離不開他，這更是因為你需要他留在你身邊。

我們經常說：「我太愛你了，我不能沒有你，我沒辦法接受你離開我。」這往往是我們表達愛的方式。當我們在為這份真誠和真心感動時，同時也暴露了我們對對方的需要，需要到不能失去對方，需要到當你不如從前對我好的時候，我就會認為你不愛我了，需要到你要為我半夜去買好吃的東西來證明你的愛，需要到沒有那個人的陪伴，自己就會無比空虛。

我不否認，的確有的人也是在為對方好，但這並不妨礙他同時也在發出渴求的信號。比如，媽媽做了可口的飯菜給孩子，這是出於對孩子的愛，毋庸置疑，但是做完飯菜後又強迫不想吃飯的孩子吃，此刻就不只是出於愛孩子了。雖然媽媽會以為孩子身體好為由來強迫孩子吃飯，但這份強迫裡也包含了「孩子要聽我的話」的需要。

媽媽建議孩子去讀書、去寫作業，這確實是為了孩子成績著想，是媽媽在對孩子表達關心、表達愛，但不允許孩子拒絕學習、拒絕寫作業的時候，或許就是媽媽在滿足自己對掌控感的需要了。

愛是「我在為你好」，需要則是「你必須接受我的好」。

愛同樣也不是放縱，不是無止境地順從對方，更不是沒有原則地討好對方；愛的教育是溫柔而堅定的，好的習慣是要去培養的，有的規則是要去遵守的。愛是在向對方傳遞一種善意，而需要則是在向對方傳遞一種敵意、一種控制，這種感覺彷彿在說：「你必須認同我，如果你不認同我的看法和教育方式，我就會生氣。你必須配合我，你不配合我，就會激發我的挫敗感，我就會受傷，而你不能讓我受傷。」

所以，如果你覺得你很愛對方，但是對方不領情，那麼你就可以去思考一下，你可能不是愛他，你只是很需要他。

人有需要是無比正常且非常自然的事，也是一件光明正大的事，需要其實並不可怕，可怕的是，明明需要，卻非要以愛之名來喬裝。

◆關係的穩定，來自愛與需要的平衡

在一段關係中，我們必然有需要，同時也必然有愛，不用覺得自己會「愛無能」，我們必然會愛某一個人。

人不是每年三百六十五天、每天二十四小時都在需要別人的，有的時候我們自身狀態比較好，就會想去滿足別人的需要，這個就是愛，而每個人都有愛他人的能力。

一段關係中，愛與需要是同時存在也是在時刻變化的，只要愛與需要能夠達到一種動態的平衡，就是一段可以繼續且好的關係。換句話說，好的關係就是——我擅長的地方我來滿足你，你擅長的地方你來滿足我；我狀態好的時候來滿足你，你狀態好的時候來滿足我；有時候我累了，你就來照顧我；有時候你失落了，我就來安慰你。

比較常聽到的話就是「我負責賺錢養家，你負責貌美如花」，從某種意義上來說，就是我滿足你的安全感，你滿足我的價值感，而長期關係的本質，就是相互需要、相互支援、相互滿足。

在很多夫妻關係中，失意的丈夫遭遇事業上的失敗，暫時在家等待機遇，溫柔的妻子並不介意自己賺錢養家也不指責丈夫的失敗，不會催促他早日振作起來，而是給予充分的支持與鼓勵，那麼丈夫就能得到更有效的休息與調整，更有利於他的整裝待發。

時常聯繫的朋友總是會你幫我、我幫你，失戀的時候找閨密痛哭，孤獨的時候找兄弟喝酒。我們其實一直都生活在友愛中，只要我們發出需求，一般都能得到相應的回應，當我們接收到他人的需要時，我們也會根據自己當下的能力與狀態給出相應的付出，關係就是在這樣一來一回中形成並穩固。

生意合作關係通常是利益上相互需要的平衡，良好的婚戀、密友與親子關係通常是情感上相互需要的平衡，當然也有的是利益和情感相互需要的平衡。

我有一個來訪者曾經談到過，他的上司對他很好，所以他很賣命地工作，他跟他上司的關係中，他需要的是一種情感的滿足，上司需要的是利益上的滿足，而他們配合得很好，兩人的關係也就達到了和諧。一些情感陪護、聲優等職業的存在，也是一方需要情感，一方需要利益，從而達到了平衡狀態。

不管你們彼此之間需要的是什麼，總之，愛與需要二者的平衡就可以構成持續的關係，而好的關係其實就是相互依賴。從這個角度來看，關係的意義就是結盟——我的所長，補上你的所短，我的所長加上你的所長，就是一個一加一大於二的過程，我們透過彼此，都變得更強大了。

◆關係中的三種需要狀態

愛與需要不會達到絕對的平衡，也不會時刻平衡，而是一種動態的平衡，是一種整體上的平衡，只要關係還在持續，那麼它整體上就是平衡的，就是可以運作的。

從愛與需要的角度，我們可以把關係分為三種情況：

一、母嬰式關係

母嬰式的關係就像是媽媽養育嬰兒一樣，是一方發出需求，另一方付出愛來滿足對方需求的形式。媽媽的職責就是為了滿足嬰兒的各種需求，全然地愛嬰兒，提供嬰兒資源，讓嬰兒健康快樂地成長。

嬰兒會要求媽媽做一些事情來滿足自己的需求，需要媽媽關注他、認可他、重視他、接納他、幫助他。當他發出需求的信號時，媽媽要及時地滿足他的這些需求，並且他需要你對他主動一點，要主動去覺察他的需求，及時滿足他的需要，讓他滿意。

當你把自己放在寶寶的位置上，需要被及時餵養時，那麼你就是把對方放在媽媽的位置上。你開始扮演寶寶的角色，負責發出需求，對方則開始扮演媽媽的角色，負責給出愛來滿足你，此刻你們的關係就叫作母嬰式的關係。

同樣，如果你在扮演媽媽的角色，把自己放在媽媽的位置上，各種擔憂對方的生活、關心對方的狀態，那麼你也就同時把對方放在了寶寶的位置上。

二、矛盾式關係

當然，有很多時候對方不願意當你的媽媽，他也想當寶寶，他也需要你來關心他、理解他、支持他，那麼這時候他就是在要求你當媽媽，他要來當寶寶。

如果你願意，那麼你們會繼續母嬰式關係，但是你不願意，你還想繼續當寶寶，繼續要求對方當你的媽媽，可是兩個人都想當寶寶的時候，那怎麼辦呢？這時，你們之間就有了矛盾，誰都不想當媽媽，誰都想當寶寶，寶寶就會跟寶寶起爭執，那麼這就是一種矛盾式的關係。

經常有人有這樣的困惑：「對方老是讓我當他媽媽怎麼辦？」其實這個問題很簡

單。問這個問題的人，通常是不想當對方的媽媽了，但是如果你單純地不想當對方的媽媽，這個是不會導致矛盾的，因為你有成人的姿態，你只要拒絕對方就可以了。一個成年人有著基本的界限感，可以為了自己想要的自由去選擇合適的拒絕方式。

如果你覺得拒絕有困難、有委屈，那是因為你還想當寶寶，你需要對方照顧到你在拒絕時的脆弱感，這時你們就是在互相需要，都想成為寶寶的角色。

在矛盾式關係裡，沒有媽媽、沒有成人，只有兩個寶寶，而且你需要我、我需要你，兩個人膠著在一起，誰也沒辦法滿足誰。

三、成人式關係

什麼是成人式的關係呢？一個成年人首先具有界限感，他不會委屈自己去滿足對方也不會強迫對方滿足自己，他知道哪些是自己想做的、哪些是不想做的，並且能堅持自己，這樣的人能把注意力投放在自我身上，會主動去尋找生活的意義，然後享受生活。在這個享受過程中，他會想跟另外一個人分享這種喜悅，從而跟另外一個人建立關係，這樣的人建立起來的關係，就是成人式的關係。

比如說，我有一個很好的案子，我很喜歡，我分享給你，你也很喜歡，我們一起合作，那我們就是兩個成年人之間的合作和分享。

再比如說，我熱愛舞蹈，我跟你分享舞蹈；我熱愛旅遊，我跟你分享旅遊，同樣的你分享你熱愛的部分給我，我們透過交流、分享，形成一種感染和吸引。雙方不一定非得是這方面的專家，但都對這個世界有著探索欲，對某個領域或某方面都有一種追求或熱愛，你們的熱情就會相互感染。

在成人式的關係裡，雙方是一個平等的姿態，你們在對這個世界的探索、對新奇事物的體驗、對知識的渴求、對事業的征服中，會體驗到相同的滿足感。

在這個狀態裡，雙方追求的是生活的品質，你會發現生活是非常美好的，而母嬰式關係和矛盾式關係則還處在追求生存的階段。

對他人需要的執著就是在說，自己需要他人的供給才能過活，就好比嬰兒離開了媽媽的奶水與照顧，自己就沒有完全獨立的能力，需要他人來說明自己生存。成人式關係就是兩個獨立、自己可以滿足自己、不需要他人供養的成年人，因為彼此的吸引而志同道合地走在一起，共同去體驗生活的美好，創造無限可能的未來。

有的同學會說：「我興高采烈地跟他分享，他不回應，這個屬於什麼關係？」當他不回應你的時候，關係的判斷標準即是你難受不難受了。如果你感到難受，那麼你在那一刻就陷入了寶寶的狀態，因為你希望他透過回應你來表達對你的重視，你要的就不是分享，而是重視。成人狀態裡的分享是，當他不感興趣的時候，我會選擇用其他途徑去分享我的興奮，而非強制他回應我。

成人式的關係裡，兩個人不一定都是成年人，如果你有一個基本界限感，對方是無法消耗你的。

◆關係中的兩個難點

在這三種情況裡，又是如何呈現關係的呢？

在這裡，我之所以用了「式」而不是「型」來說明，是因為他們不是一種固定的類型，這三種狀態不是絕對的存在，也不是特定的類型。

不要以為你們之間互為母嬰式關係就是不正常的關係，實際上你願意當寶寶，然後有一個人恰好願意當你的媽媽，那麼你們之間就存在著一段很和諧的關係。

我們每個人都會經歷這些狀態，有時候我滿足你，有時候你滿足我，那麼我們在不同時候互為母嬰其實是沒有任何問題的，這是一種互為補充的關係，是一種愛與需求的持續平衡。

但這種完美的狀態不會一直發生，你們不會一直都這麼有默契，所以總會有矛盾的產生。當矛盾式關係出現時，就是你們彼此溝通、調整的契機，是你們調整到另外一個狀態的過渡期，也是很有意義的。

問題就在於無論對方願不願意、適不適合，你一直想當寶寶且堅持要當寶寶，這樣你們就沒有辦法建立一段穩定的親密關係。如果你想建立一段長久的關係，你就必須學會在必要的時候從寶寶狀態裡走出來，學習養育對方、滋養關係，承擔媽媽的角色，要麼學會當一個成年人，把精力投入在熱愛的生活上，而不是需要被愛裡。

如果你過於沉浸在寶寶狀態裡，你是無法擁有真正的親密關係的，因為愛情中存在著兩個難點：

一、在母嬰關係中，沒有人會願意一直扮演媽媽的角色

為什麼呢？一方面是對方沒有這個能力一直當你的媽媽，另一方面是對方也不願意一直當你的媽媽。其實就連你的親生媽媽都做不到一直當你的媽媽，那別人可能就更難做到了。

不要以為你的媽媽能夠一直是你的媽媽，實際上你的媽媽很多時刻都在扮演你的孩子，因為你的媽媽如果沒有被自己的媽媽照顧好、沒有被自己的老公照顧好，他就會讓自己的孩子來照顧他。所以當你的媽媽每一次對你發火、每一次對你不滿意的時候，其實都是在把你當成媽媽，希望從你這裡獲得一些誇獎；他需要你給予他一些關注，給他一些回應，此刻的他就是你的寶寶。

如果連你的親生媽媽都做不到一直當你的媽媽，你還指望別人一直當你的媽媽嗎？你要知道，這是一件不太可能的事情。只要你還在執著地想找一個人來完全愛你，你肯定會失望的。

二、只有你成為成年人，你才能遇到成人式的關係

你開始發問：「那我能不能遇到一種成人式的愛情呢？」成人式的愛情聽起來似乎完美，但也是很難的，因為成人式的愛情標準會比較高。

成人式的愛情是分享，分享的前提是熱愛生活，對世界保持著探索欲。如果你自己都不懂得快樂的話，那麼你怎麼可能會找到一個跟你分享快樂的人呢？如果你對這個世界都不好奇的話，別人分享他的好奇時，你怎麼會感興趣呢？你自己都不懂得如何讓

自己快樂，你就無法找到與你分享快樂的人。

你可以找到一個哄你的人，每天逗你、帶你享樂的人，他把你逗得很開心，這很浪漫也很愉悅，但是你要知道那個快樂不是你的，因為別人帶給你的快樂是無法保證持久供應的，畢竟有誰會願意天天輸出，不間斷地哄別人開心呢？只有你是一個成人，你才能遇到成人式的關係，你是個快樂的人，你才能和別人一起分享快樂。

讓自己擁有更多成人的能力，才是維繫好關係的最基礎要素，同時，不要走入極端，人不可能一直待在成人狀態裡。每個人都有無助的時候，沒有永遠的母嬰式關係也沒有永遠的成人式關係，你們的關係也不可能全都是矛盾。一段常見且健康的關係，就是這三種關係會根據你們不同的情況和不同的狀態，不斷切換和組合中形成的，並在整體上達到動態平衡。

◆當你糾結要不要離開對方

有的人很苦惱自己的現狀：「我很不幸，遇到了一個無敵大寶寶，遇到了一個巨嬰，這讓我很痛苦。」的確，有時候你需要對方，他卻不能滿足你；有時候，你付出了很多，卻發現對方是個負債體、是個黑洞，無法在你需要的時候回饋愛給你，就像有的婚姻走著走著突然就走不下去了，其實這就是關係中的平衡被打破了。

你覺得你對他付出了很多，他卻沒有對你付出很多，你的需要得不到滿足，你就會很受傷。兩個人之間的供需關係失衡了，受傷和滿足感之間不再相等，關係就開始趨於破碎。

其實解決這種痛苦也很簡單，誰痛苦，誰離開就是了。

一個成年人為自己負責的方式之一，就是選擇自己合適的關係。

如果你既痛苦又不想離開，那是因為你在關係中還能得到滿足感，或者還有被滿足的幻想。

你們的關係並沒有失衡到可以完全破碎，你要知道對於失衡的關係而言，破碎是一件很自然的事。

因此，當你感覺到痛苦卻下不了離開的決定的時候，你可以問自己，是自己的哪一方面需要被滿足了，把你留在了這段關係裡呢？

比如說，有人總是在抱怨自己的婚姻有多麼不幸福，可是當你建議他離婚的時候，他又會找到各種理由，例如現實不允許、有孩子的牽絆、有經濟的牽扯、有迫不得己的原因，自己沒辦法，也是超級為難。

當你認為是因為想給孩子一個完整的家而委屈自己停留在婚姻裡時，其實你更要知道的是，一位幸福的媽媽對孩子的影響要比一對不幸的爸媽好得多。其實，真正的原因你自己是很清楚的，你如果真的離婚了，自己帶孩子的壓力就太大了，你並不想去承受這種超越你負荷的壓力，你需要這個男人行使一部分父親的功能，來緩解你當好媽媽的壓力感。

也有人覺得離婚不好，基於傳統觀念的影響不想離婚，那維持這段婚姻就可以滿足你作為一個傳統男人或女人的形象需求了，而且這個形象對你來說是非常重要的，重要到足以抵消掉你在婚姻裡忍受的痛苦。

有的人在婚姻中被家暴也不肯離婚，為什麼不能輕易離婚呢？因為家暴雖然殘忍，但對方會給自己一些經濟上的支持，有時候還會給予一些體貼和溫柔，這些東西能抵消掉被家暴的痛苦。

當一個人選擇或在猶豫要不要留在一段糟糕關係裡的時候，有一點是可以肯定的：在他們遭受痛苦的同時也得到了某方面的滿足，並且這個滿足在支撐著這段關係，使得它沒有真正破碎。

在關係裡到底要不要離開，其實完全沒有必要糾結。糾結的意思是說，傷害與得到的滿足是差不多的，就像忽上忽下的蹺蹺板一樣，一下子這邊沉，一下子那邊沉，讓人搖擺不定。

所以，當一個人在糾結的時候，與其去糾結選擇哪一個，不如去思考在這段關係中我有哪些滿足感，我還在留戀什麼呢？當你清楚自己真正的需要，並且有辦法應對自己的需要時，你就可以做到真正有效的取捨了。

03　面對關係本質，從需要的層面去解決關係問題

◆經營關係的三種方式

一段關係要怎麼樣才能長久呢？長久之道，無非就是兩個字——經營，而經營的核心法則其實就是愛與需求的供需平衡。

親密關係也好，別的關係也好，要想持續、長久下去，都是需要經營的。如果能讓關係整體上達到一個動態的供需平衡狀態，關係自然就會持續、長久了。

美國心理學家威拉德．哈利（Willard Harley）提出「情感帳戶」的概念，指的是在一對關係中，特別是在親密關係中，彼此之間的關係像是在經營一個銀行帳戶。

當你們的感情狀態和個人狀態相對較好時，就會給予對方更多的愛和滋養，像是在你們的帳戶裡存款，把給對方的安慰、支持、欣賞、肯定、理解等養分存到帳戶裡。

但是當你們的感情狀態和個人狀態相對較差時，你就會向對方索取，索取不得則會發生矛盾和爭執，這就又像是在你們的帳戶裡提款，透過批判、指責、誤解、冷落、爭吵等方式把之前存入的養分提出來消費掉了。

你們的情感帳戶就和銀行帳戶一樣，不停地在存入和取出，因此，想要經營好自己的感情帳戶，就要往帳戶裡多注入愛，想要不破產，就要有相應的能力以更好的方式處理自己的需求，減少矛盾的發生，不能讓帳戶持續負債又沒有能力償還，否則遲早有一天你們的關係就會隨著情感帳戶的破產而澈底破碎。

經營，正是讓供需實現平衡的方式，無論你有沒有在學習經營關係，其實你都在用自己的方式經營。常見的經營方式分為三種：

一、自然經營

自然經營就是你並不介意你們的關係相處得如何，你只負責跟著自己的感覺隨意地往前走，你不會刻意地努力維護關係，也不會花時間去思考你們的關係狀態。

在什麼情況下，人會選擇自然經營關係呢？

第一種情況是這個人對你來說無所謂，有他和沒他都差不多，這時你就會本能地去選擇自然經營。

比如說，你跟一些陌生人的關係就會很隨意，你不會投入過多精力在他們身上，又或者你認識了很多新朋友，你已經不想再多花精力維護舊日的友情關係，以往的舊關係對現在的你來說已經不再重要了，它是自然中斷還是繼續進行，你也不大關心了，就隨它而去。

第二種情況是你很信任你們之間的關係，你很相信你對對方的重要程度，你相信他是不會離開你的，這時候你也會變得懶得去維護。反正他又不會走，反正不管怎樣他都會一樣待你，為了節能，你就會去選擇自然經營。

比如說，你跟爸爸媽媽之間的親情關係，好像你沒有刻意地去做過什麼，就憑自己的感覺自由地表現。因為你知道你們之間有血緣關係，不會輕易地分離，所以你會很放心也會很信任你們的關係。

有的人在結婚之後就開始變得很隨興，不再維護自己的形象也不再努力克制自己的脾氣，他保持了最自然的狀態來對待關係。這種人要麼是覺得婚姻已經讓他們失望，維不維持已經無所謂；要麼就是對自己太自信，太相信對方不會離開自己，太過信任關係的牢固性。

其實，自然經營並不是一件絕對的壞事，對自己來說，有一個巨大的好處：在這種方式裡，人已經是最大化地在做自己了，可以充分體驗到關係中的輕鬆和自由感。

二、盲目經營

什麼叫作盲目經營呢?白話一點的說法就是使用蠻力。你根據自己擅長的方式，不去思考和迎合對方的需求，憑著本能恣意妄為，這個就叫盲目經營。

比如說，有的人結了婚之後，為了贏得丈夫的歡心、展示自己是好妻子的形象，就拚命地做家務，或者是為家庭付出一切，特別操勞。在自己看來，自己簡直偉大得不得了，但是在丈夫看來，他卻成了一個愛做家務的控制狂。

有的人在演講的時候，很想讓自己表現優異，想維護好和聽眾之間的關係，這時就會變得很緊張、很小心，準備超多的細節，結果卻因為壓力過大，導致自己的表現不佳，不僅如此，也沒有得到聽眾的欣賞，從而也沒有達到他想要的效果，這也是在盲目經營。

盲目經營關係其實還是挺糟糕的，因為這會讓很多人心生抱怨。

你可能會覺得自己為家庭付出了這麼多，熬成了一個黃臉婆，到最後對方居然不要你了，真是太沒良心了！然而這個時候，雖然你做了很多，但你根本就沒有滿足到對方真正的需要。在對方的體驗裡，你甚至是在無理取鬧，你的付出在他這裡根本沒有得到吸收和轉化，你的付出和他的需要是不相等的，所以這種自以為是的盲目付出並不能達成一種關係的平衡。

有的人在工作時特別努力，從早上六點工作到晚上十一點，每天像〇〇七特務一樣拚命，這其實也是盲目經營關係。你以為自己只要靠努力、勤奮就能得到老闆的賞識，但最後老闆卻抱怨你工作效率太低，太浪費公司資源，而選擇把你辭退，這時候你會不會覺得自己很委屈、很冤枉？

盲目經營關係時，你只是在跟著自己熟悉的相處方式互動，你只想用自己熟悉、習慣、擅長的方式去付出，不會去理性思考兩個人之間的供需關係是否相等，甚至你還會理直氣壯地陷入自己的邏輯裡出不來：我這樣做就是對的，你就應該看到、認可、接受並感恩我的付出。假如對方不領情，還會覺得自己很委屈，抱怨對方是個壞人。

盲目經營關係就像是不看目標亂開槍一樣，你「噠噠噠」地把一萬發子彈發射出去，胡亂掃射一通，雖然會有命中目標的機率，但是效率卻很低。所以說，盲目經營也不能說是完全沒有用，有時候也是有效的，只不過性價比很低。假如你能先找到射擊目標，接著透過一些科學的訓練，就會大大地提升成功效率。

盲目經營與自然經營相比其實也有一個好處，就是會讓自己有一點危機感。在自然經營的狀態裡，對方的狀態是被我們忽視的，我們像是一個瞎子行走在關係裡，怎麼舒服怎麼來，想躺哪裡就躺哪裡；關係進行到哪一步了，看不到也不想知道。如此一來，當關係出現裂縫且沒有得到及時修復時，就有了破碎的可能。

盲目經營的破壞性雖然很大，但是它的優勢是能夠讓對方感覺到自己是被在乎、被重視的，兩個人的關係是連結在一起的，這就為雙方的親密關係提供了可能性。

三、理性經營

這就相對高級了，什麼叫理性經營呢？就是你不只以自己擅長的方式去經營，你還會透過學習、思考去看到彼此之間的需要，然後採用有效的方式來經營關係。

理性經營是反慣性的，它需要你跳出自己熟悉的感覺和方式，嘗試學習使用新的、不熟悉且有點彆扭的方式去處理。

理性經營正是我們需要學習的地方，這條路看起來很難，但長期來看也是最省力的方式。

◆判斷需要沒被滿足的兩個標誌

理性經營的重要一步，就是要知道自己在需要對方。

當兩個人產生衝突的時候，人會慣性地從對與錯的角度去思考：都是他的錯，或者都是我的錯。當人們沉浸在對與錯的問題裡時，就很難安靜下來去思考——此刻我想要的到底是什麼？

當你在關係裡受挫時，你首先要有一個意識：此刻，我有一個需要沒有被滿足。比起誰的錯來說，更重要的是我有一個需要沒有被滿足。真正勇敢的人，敢於面對關係的本質，從需要的層面去解決關係問題。

那麼如何才能察覺自己需要的存在呢？有一個比較明顯的信號，就是負面情緒。如果你在關係裡體驗到某種負面情緒，那麼你的內在一定有一個需要沒有被滿足。

有的人很不喜歡自己的負面情緒，覺得自己不應該有憤怒、委屈、受傷、難過、失望等這些讓人變得不開心、不美好的情緒，但是你要知道負面情緒它沒有錯，它只是自己的需要沒有被滿足而自然呈現出來的結果。如果你的需要沒有被處理，你的負面情緒是不可能憑空消失的。

比如，你因為伴侶總是沒有及時回覆你的訊息而生氣，那麼這就可能說明你有一個被關心的需求，卻沒有得到滿足。當你去罵他不在乎你、不重視你、不愛你時，只會加劇你們之間的矛盾，你的需要還是沒有被滿足，而且你的這些行為會讓你們的關係陷入「指責—辯解—指責」的循環之中，讓你們都更難以看見彼此的內心需要。

因此，你要學會觀察自己的情緒、傾聽自己的情緒，而不要任由情緒去攻擊、破壞你自己。你的情緒正在告訴你，你有一些需要沒有被滿足，而且在關係裡，你的情緒有多濃，你就有多需要對方。

一個人的失控行為也是需要沒被滿足的標誌，在關係裡，有的人會控制不住自己對對方指責的行為，歇斯底里、吵架、冷戰、講道理、威脅、逃避之後，又覺得自己不該這麼對對方。實際上，這些失控的行為只是一個人內心的需要沒有被滿足的結果。

你有多控制不住自己，你就有多需要對方，這個時候的你是那麼需要對方，你怎麼忍心再責怪自己不夠好呢？

關係中的情緒和失控行為其實都是在提醒你，你很在乎這段關係，你很需要這段關係，所以當對方沒有按照你的需求來表現時，你會受到很大的衝擊。此刻，你最應該好奇的是自己內心真正的需要到底是什麼，以至於讓自己對此有這麼強烈的反應。

對自己好奇，願意看見自己背後的需要，就是真正關注自己的開始。

◆心疼你自己

一旦意識到自己有需要，很多人會陷入自責裡，覺得有需要是無能的、不好的，甚至覺得羞恥，這個時候他們就會想竭力擺脫自己需要對方的狀態，彷彿「自己需要對方」是一件非常糟糕的事情。

其實，當你發現你在關係裡有需要沒有被滿足，你要去心疼你自己。這麼說並不代表需要是不合理的，有需要是不對的、不應該的，你當然可以有需要，而且應該有需要，因為有需求不是錯誤，而是悲傷。

你花了很大的力氣想讓對方滿足你的需要，然而對方還是沒有滿足你的需要，你又是討好、又是指責、又是憤怒、又是委屈，然而還是沒有用，你依然沒有被滿足。即使如此，你糾結了又糾結，無法離開也無法放下，這是一件很悲傷的事，也是一件很讓人心疼的事。

當你在關係中有矛盾的時候，你最需要做的是心疼自己，而非責怪自己。你最需要想的是我該如何安撫自己，如何用更好的方式去滿足自己的需要，而非執著地去指責誰的錯。就好像一個人開車撞了你之後就逃逸了，這時候你的第一反應是什麼呢？是先報警還是先指責對方呢？還是先看看自己哪裡受傷了、嚴不嚴重？第二步是做什麼呢？哪個對你來說是更重要的呢？

需要有很多被滿足的方式，你要去選擇最合適的方式去處理，而不是執著地用某一種方式、執著地從某一個人那裡獲得。要有這些前提，都是先知道自己內心深處的需要是什麼——愛自己，就是先從關注自己開始。

這也是處理需要的第二步，心疼你自己。

◆ 識別自己的五種需要

處理需要的第三步是識別自己的需要，你得先承認自己在關係裡是有需求的，不然你也不會傻傻地留在這段關係裡。不僅如此，你還得去想想自己的需要是什麼，而且要有一個明確的答案。

那麼，需要的是什麼呢？這個問題並不簡單。

我們講了這麼多，始終沒有正面討論過人內心的需要有哪些。人需要金錢地位、需要優秀、需要早點回家、需要勤勞上進，這些都是外層的需要，人內心的需要有五種：安全感、自由、價值感、意義感、親密。其中，親密包括被關注、接納、重視、尊重、陪伴、支持等，而其他的需要都可以歸到這五種需求的缺失中。

識別需要，就是一步步地去領悟自己是缺失了這五種需求中的哪一種心理需求，至於怎麼識別，我們會在後面的章節裡詳細講解，這也是本書的核心內容。

其他的需要都是圍繞著這五種需要發展出來的，也就是說，能夠照顧好自己的這五種需求，你就是在做自己的理想父母，在二次養育自己。能夠滿足他人的這五種需求就是在提供他人愛，做他人的理想父母，二次養育他人，從而達到與他人建立和經營關係的目的。

◆照顧自己的需要

當你發現自己的需要之後，你要理性地去思考如何更好地處理自己的需要。

你所使用的方式按照優先順序的排列，可以有三種：

1. 選擇用有效的方式改變他人，讓他繼續滿足你的需要。

2. 放下對這個人的需要，換個有能力且有意願的人來滿足自己的需要。

3. 自己愛自己，滿足自己的需要。

這三種方法裡，無論你選哪一個都可以讓你內心的需要得到滿足，而不會產生矛盾。然而，如果你執著於眼前這個人、執著於自己一貫的方法，你的需要就會持續得不到滿足，從而產生矛盾。

三種方法具體分析如下：

一、換一種方式改變對方

矛盾其實不是因為對方滿足不了你，而是因為你執著於用一種無效的方式來改變對方，比如指責、冷戰、講道理等。當你的方法無效的時候，你要去思考，我可以用什麼樣的方法來讓他滿足我呢？

提供一些可能有用的方式（畢竟，沒人知道哪些方式是一定有用的）：

1. 一致性表達：真誠地告訴對方自己的需要是什麼，而不是對方應該做些什麼，比如說告訴對方「我希望你可以陪我」以及如何陪伴。在一致性表達裡，你可能需要保持低姿態，因為表達需求看起來就跟低頭求人是一模一樣的。

2. 交換：你可以告訴對方，如果你願意滿足我哪個需要、為我做什麼，那麼我願意為你做的有這些；如果你不願意滿足我的哪個需要，那麼我想收回來的付出包括哪些。你可以讓對方權衡利弊，選擇是否要滿足你的某個需要。

3. 示範：告訴對方我希望你滿足我的需要是哪些，我知道你並不會，因為沒有人教過你，不過沒有關係，現在我可以教你，你可以看我是如何滿足你的，同時我也希望你能為我也這麼做。

二、換個人滿足你的需要

換一個人滿足你的需要包含離開這個人、找到新的對象，或者不離開這個人，只是在某個需求上找別人來滿足。如果這個人就是無法滿足你的需要，那你要去思考，有誰是可以滿足我這個需求的呢？我在哪裡可以找到這個人呢？

我有一位同學曾經說：「老公從來不認可我，還經常否定、打擊我，這讓我覺得自己很沒價值。」那麼他價值感的需要就沒有在老公身上得到滿足。假如老公就是沒有能力和意願認可你，你還有什麼辦法可以讓自己感受到更多的價值感呢？你可不可以在朋友和上司身上獲得呢？你可不可以透過努力工作、發展更多的社會關係以及幫助他人等途徑讓自己感受到更多的價值感呢？

沒有什麼需要是不可以被他人替代的，如果你覺得某個需要非這個人不可且無法被替代，那是因為你還有更深的需要卡在這裡，你需要做的是進一步、深入地去識別。

三、自己滿足自己

自己滿足自己就是為自己做一些事，讓自己好受一點。這裡你可以去思考的是，我可以為自己做什麼呢？

關係並不是滿足自己需要的唯一方式，自己滿足自己也是重要的方式之一。一個人如果從關係中得到的滿足多一些，他就可以為自己做得少一些；如果他為自己做得多一些，那麼他對關係的需要就少一些。

◆看到對方的需要

如果你想跟對方擁有一段更和諧的關係，或者對方想要離開你，而你想要挽留他的時候，那麼最有效的方式就是去思考他的需要是什麼。在他的內心裡，有哪些需要沒有得到滿足呢？你可以為他的需要做些什麼呢？他可以在你這裡獲得什麼呢？學會思考這樣的問題，你就離高情商關係大師不遠了。

曾經有個女孩跟我哭訴自己的自卑，嫌棄自己過於內向，那一刻我感受到他的價值感是缺失的。雖然他的成績很好，這是大家公認的，但我知道這樣誇獎他是沒有用的，因為他自己也知道這是事實，只不過他不以為然，他是因為自己的內向性格而認為自己沒有價值，而非因為成績。

於是我就誇獎他說：「我覺得你很文靜啊，女孩子不一定要活潑可愛，我覺得文靜的女孩子也很好，讓人感覺很舒服。」那一刻，他就被我的話治癒了。

實際上，我並沒有對他施加什麼魔法，我就是在那一刻發現了他內心的需要，並且嘗試滿足了他的需要而已。所以，當你想要與他人建立或維持關係時，你只有先知道對方的需要，才能對症下藥。

◆做內心強大的自己

我們每個人都確信自己需要愛，都想要被溫暖和關懷，都渴望自己的需求能夠被滿足，因為每個生命對圓滿和豐富都存在著本能的嚮往。可以說，我們每個人的內心都有著本能、固有的情感需要，我們渴望被餵養，就像是生命最初的時候，嬰兒渴望被媽媽全方位地照顧一樣。

只是世界上並不存在完美的媽媽，養育者在照顧我們的時候必然會存在著不同程度的疏漏，甚至因為養育者自身狀態與能力的不同，他們在提供我們養育的同時也必然會附帶一些傷害。在我們長大之後，那些沒有得到滋養的渴望和需求會一直跟隨著我們，壓抑、深藏在我們的潛意識裡，並默默期待著重新得到澆灌後發芽，讓真正的自我重新得到蓬勃生長的機會。

做內心強大的自己並不是硬撐，硬撐是很孤獨的，是一出假裝強大的獨角戲。做內心強大的自己，是我可以照顧好自己的需要，而非依賴於別人照顧。我可以把自己照顧得很好，自己能為自己的需求負責，讓自己得到滿足和圓滿，可以坦然、輕鬆、開心地面對這個世界。

當你對他人的依賴減少到可以被自己接受的範圍時，或者你可以用合適的方式去表達你的依賴時，你與他人的關係就會很自然地和諧了。

Chapter 2
安全感

01 安全感是什麼

◆安全感的內涵

有人說，安全感是世界上最大的婦科疾病，實際上安全感的缺失跟性別沒關係，無論是男人、女人還是年輕人、老人，幾乎都會缺乏安全感。

人類最低的需求就是安全感，而安全感是保證生命存活的基本保障。

安全感，顧名思義就是一種安全的感覺，你可以在這個環境下活著，不會突然受傷或死掉，沒有意外的威脅，沒有他人的加害；你餓了就有食物可以吃，冷了就有衣服可以穿，睏了就有地方可以睡，那麼你就知道你可以活到明天或以後，你的心就會安定下來，去坦然享受生活。

換句話說，安全的意思就是沒有危險，而我們經常說自己沒有安全感，實際上就是在說自己體驗到了某種不可應對的危險，即將受到某種傷害。

在生命的最初，嬰兒呱呱墜地來到這個未知的世界上，他自身是非常弱小的。從他來到這個世界起到他能夠在這個複雜的世界上生存，他需要依賴環境的安全以及照顧者的保護和付出。就像任何一種哺乳動物一樣，弱小的幼崽都承受不了強大的風雨雷電和豺狼虎豹的威脅，都極度依賴養育者的供給和保護。

隨著人的成長、獨立能力的增強，如果一個人能意識到自己在慢慢變強大，那麼他對安全感的需求就會相對減少。如果意識不到自己在變強大，內心依然覺得自己很弱小，他還是會覺得特別沒有安全感。

但人們即使意識到了自己的強大，卻依然無法強大到在任何時候都能確保自己足夠安全，這個世界上依然有他克服不了的困難、面對不了的危險。所以，無論一個人長到多大，都會在某種程度上缺乏安全感。

◆缺乏安全感的四種表現

要理解安全感，首先要明確你的內心感受到了什麼樣的危險。我們可以從以下四種表現來理解：

一、害怕的是危險，而非其他

有時候，表面上看起來你害怕的東西有很多，但這些害怕的東西只有跟危險有關並且構成了危險的可能，才能讓人失去安全感。

比如說，有的人特別怕狗，狗其實不會對人造成危險，很多狗毛茸茸的很可愛，但有的人因為狗，想到了自己可能會被咬傷，有的人想到自己有可能會感染某種病毒，那麼這時候狗就對他構成了危險，人也就沒有了安全感。

有的人害怕被拋棄，被拋棄無非就是你被迫離開了這個人或是這個群體而已，被迫離開並不會構成直接的危險，你還可以去找其他人、其他的群體啊，這有什麼好害怕的呢？如果你感到害怕，一定是因為被拋棄衍生出了某種實際的危險。比如說，你怕被這個人拋棄之後就沒有經濟來源了，你怕自己會吃不飽而餓死；你怕被這個群體拋棄之後，他們對你不滿，會在背後針對你，給你穿小鞋，讓你在這個圈子內舉步維艱。

二、危險是主觀體驗，並非現實

在現實層面，危險不一定真的會發生，但是當一個人內心開始覺得危險，感覺危險可能會發生時，他就已經喪失了安全感。

例如，你坐飛機的時候害怕飛機會出事，在某段關係裡害怕對方拋棄你，在不喜歡的公司裡害怕辭職後找不到新工作，生病了害怕很難痊癒，這些都讓你很沒有安全感。實際上，在現實層面裡，這一切都不一定會發生，很多時候，這些恐懼的來源是人腦中的幻想，但是在人的主觀體驗裡，危險已經發生了，自然就沒有安全感了。

有時候，我們看別人缺乏安全感時，會覺得沒必要：「有需要這樣嗎？太誇張了吧。」會覺得這些根本就不會發生，是他們多想了。但是在他們的體驗裡，危險的感覺是非常真實的，那麼，在他們的世界裡就是沒有安全感。

三、危險是不可應對的

如果你相信自己是有能力面對危險的，你就不會害怕了，就是因為自己無力面對危險才會無助、才會害怕。

當你感冒時，你會害怕嗎？你不會，因為你知道，根據自己的經驗吃一些成藥、多喝熱水就會好了。如果你覺得感冒之後，咳嗽、發燒有可能會惡化成肺炎，那麼你就會開始緊張了，因為你會覺得這個局面要失控了、你應對不了了，你就會對自己的身體充滿不安全感，就會想要趕緊去診所、大醫院，試圖控制和應對一下。

四、恐懼不一定會被意識到，但會藏在潛意識裡

人會本能地做一些事情來讓自己感到安全與舒適，但很少會具體地知道自己在怕什麼、為什麼感到不安全。我們有很多行為都是對危險的防禦，但這個過程又是如此嫻熟和易被忽視。我們會理所當然地去做一些「應該」的事讓自己心安，我們總是活在習慣之中，但是完全無法忍受背後的恐慌感，以至於不想讓它浮現。

比如說，很多人都在努力地與他人搞好關係，努力地不給別人添麻煩，努力地照顧好孩子，努力地工作賺錢，努力地變得優秀和光鮮。但如果不去深入探索，他們很難發覺其實他們是害怕某種失去和危險，是安全感的匱乏讓他們有了如此努力的動力。

當一個人在某段關係中與他人發生矛盾，他就會對另外一個人產生憤怒的情緒。這一刻，他沒有意識到自己在害怕，但如果去細細感受，這個憤怒的背後其實是在防禦害怕，憤怒是因為自己害怕被拋棄、害怕被傷害等。如果要解決這些矛盾，我們就必須深入思考：你到底在害怕什麼危險？

有一位同學說：「我老公與下屬有曖昧，有出軌的跡象，我非常生氣。」憤怒背後其實是擔心，他擔心老公真的會出軌，但出軌本身並不會構成危險，於是我追問了出軌會引發的危險。

這個同學說：「他出軌，就代表了他價值觀不正。價值觀不正就有可能去做一些違法或是社會倫理不能接納的事情，進一步就會給我帶來很多糟糕的後果和麻煩。」

大部分人都害怕伴侶出軌，但每個人害怕背後所在意的方向是不一樣的，探索害怕背後的意義在於可以具體知道害怕的究竟什麼，只要找出那個真正與危險相關的點，你就可以知道你在哪一方面缺乏安全感了。

02 內心常見的害怕

◆害怕衝突、指責與否定

有的人很怕被他人指責、否定，但其實指責和否定只是語言上的描述，並不會對你構成實際的威脅。比如說，一個外國人用你聽不懂的語言指責你，你會害怕嗎？一個三歲的小孩子說你壞話，你會害怕嗎？

當你清楚知道別人的指責和否定並不能對你構成危險時，你不會感到害怕，但是在一些人的想像裡，被指責、否定會導致自己被懲罰，這時候指責就變得很可怕了。

有的人害怕被指責和被否定，其實是害怕隨之而來的懲罰。當然，不是所有指責和否定都代表著懲罰，有時候還有可能代表拋棄、不喜歡、控制等。對於害怕被懲罰的人來說，他們的邏輯就是：「如果他人指責我，就會懲罰我。」

有一位同學曾經說道：「小時候，爸爸經常指著我的鼻子罵我，有時候還會把我逼到牆角破口大罵。雖然他沒有打過我，但是每當我想到那種被狠狠責罵的感覺時，還是會感到很害怕。」

這種害怕裡是有某種想像存在的，雖然在現實中爸爸並沒有動手，但這是基於他理性的忍耐。在這位同學的直觀感受裡，被一個強大的人責罵，接下來他會動手的機率是非常大的，而一旦動手，弱小的他又無力應對，就會威脅到他的身體。

這種害怕其實是有一個很具體的後果的，就是怕自己被一個更有力量的人傷害。如果換一個力量遠不如他的小孩子指著他的鼻子罵，他就不會那麼害怕了，因為他知道自己有能力應對，罵他的人並不能對他造成實質性的威脅。

有的人則是怕被上司之類的權威批評、否定與指責，他們會覺得，一旦惹惱了上司，上司會公報私仇、會對自己不利，這便會直接關聯到工作利益上的得失，甚至有的人還會延伸到失去工作而沒錢養活自己，從而感到害怕。

有的人會害怕與人衝突，所以不敢為自己爭取利益。當他們遭遇到不公平對待、被人欺騙、被訛詐的時候，明明知道對方是錯的，但他們還是會選擇忍氣吞聲。在他們的想像中，一旦自己跟別人有所衝突，自己就會被別人欺負，而自己又沒有能力去應對和解決這一切，也找不到資源來幫助自己，所以他們寧願犧牲自己的利益也不會去惹事，好讓自己的處境更安全一點。

懼怕他人的懲罰，是因為自己的弱小。當你感覺到一個比你更強大且你無法應對的力量時，你心裡就會產生一種威脅。你會想，萬一自己不順從他，萬一自己表現得不好，讓他不滿意了；萬一他心情不好，生出了懲罰你的想法，那你就完蛋了，你會處於一個特別危險的境地，你的安全感就會遭到嚴重的打壓。

當一個人害怕被他人懲罰的時候，他就會花費很大的心力來避免被懲罰，比如以下幾種方式：

1. 討好：小心翼翼地做一些讓別人開心的事，避免做那些讓別人不開心的事。
2. 指責：跳起來展示自己的力量，宣告自己的界限，告訴對方你是不可以隨便被欺負的！
3. 講道理：「你不應該這樣懲罰我，因為……」
4. 逃避：「只要我不跟你接觸，你就無法懲罰我。」

在人際關係中，很多看起來不夠理智的行為，背後實際上都是我們在努力避免別人可能給予我們某種懲罰。一個人不管看起來是強勢還是卑微的，他都很可能非常缺乏安全感。

如果你在關係中有了一些不理智的行為，或者你看到別人有了一些你不理解的行為時，先不要急著反應，而是去問問自己或他人：

你到底在怕什麼呢？

別人不開心，會對你做什麼呢？

在你的想像裡，別人的指責和否定會引發哪些後果呢？

◆害怕孤獨

總有人說：「我很害怕一個人生活，沒有人陪伴，這讓我感覺非常孤獨。」他們不喜歡孤獨，因為孤獨不好，孤獨讓人害怕。可是，為什麼孤獨不好呢？有什麼好怕的呢？一個人多正常啊，半個人才可怕呢。

現在有很多不婚主義者經常一個人生活，他們不是找不到對象，而是認為沒必要找對象。自己活得好好的，把自己的生活打理得井然有序也很有趣，為什麼非要找一個人來讓自己不開心呢？他們有的人連朋友都沒有，每天自己上班通勤，下班自己健身，假期自己旅行，生病了自己去醫院，並沒有害怕的感覺，甚至有的人還會選擇離群索居、獨自生活，在世外桃源般的環境中怡然自得。

那些害怕「一個人」的人並不只是害怕孤獨、寂寞，而是害怕靠一個人的力量面對生活、應對未知。

一個內在有力量的人不會害怕孤獨，他會享受一個人的時光，他能一個人駕馭外在的很多困難。一個對錢和工作有信仰且已經擁有的人也不怕孤獨，他能透過錢和工作得到力量，比如說偉大的藝術家、科學家，他們獨自在各個領域取得成果的時候會覺得很有成就感。

人們害怕的從來不是孤獨，而是無助。當孤獨伴隨著無助的時候，才會讓人感覺到不喜歡和害怕。

有人經常感到無助，是因為他的內心很脆弱，並且進行了很多關於危險的聯想。比如說：「當我一個人的時候，我會覺得這個世界只剩下了我自己，沒有人與我同行，沒有人來幫助我。而我自己一個人的力量面對不了這個危險的世界，我需要一個人來保護我、支持我，我才能安全地活下來。雖然我現在可以自己賺錢、可以自己照顧自己，看起來很強大，可是我不知道未來會發生什麼困難，我根本無法面對。當這種困難突然襲來時，我的一切都會崩塌。」

具體來說，會有什麼樣的困難發生呢？害怕孤獨的人很少會仔細去想。但是，當你認真、用心地感受後就會發現：

你可能是害怕生病：「雖然現在的我是健康的，可是一個人總是會生病的，而且還會有突發疾病的可能。如果我身邊連一個陪伴和照顧我的人都沒有，萬一哪天我突然發病或者是不能動了，我身邊連幫我叫救護車的人都沒有，那我就會慘死在家中，這也太慘了！」

你害怕沒人照顧：「人生在世，難免會發生意外。萬一我打籃球時不小心骨折了，萬一我急性闌尾炎發作了，萬一我眼睛受傷看不見了……當我躺在病床上什麼都不能做的時候，就會需要有人照顧我。我需要有個人幫我送飯、餵飯，幫我處理尿布什麼的，如果沒有一個值得信任的人在身邊，我被憋死、餓死在病床上，怎麼辦？」

你害怕累死：「生活中有那麼多問題需要處理，如果全部都讓我一個人做，我會喘不過氣來的。我要自己做飯又要自己帶孩子，要自己工作又要自己做家事，還要自己修燈泡……生活中有這麼多麻煩和瑣事，而我的時間和精力是有限的，都讓我事無巨細地做完，我會被累死的。」

另外還有很多想不到、奇奇怪怪、花樣百出，關於一個人生活就會活不下去的死法。雖然現實情況是自己一個人也可以活得很好，甚至在他人的眼光中你過得還不賴，頗讓人羨慕，但是這依舊抵擋不住你心中「萬一」和「將來」這兩座大山的壓制。在這兩座大山的壓制下，人可以幫自己製造出一萬種死法，來讓自己害怕一個人生活。

總說自己孤獨的人也是如此，孤獨的深處是因為自己的內在隱藏了一個無助的自己，不知道該如何獨自生活，不確定自己能否獨自一人去應對這個世界的險惡。因此，有的人在孤獨的時候，就特別想抓住一個人來逃避孤獨。有時候，這個人是誰可能也不重要，重要的是有個人在身邊，來消除自己是孤單的感受。當然，不是所有害怕孤獨的背後都是因為恐懼危險，有的人覺得孤獨的時候內心空空的，那麼他缺乏的是意義感。

有的人想趕緊找一個人結婚，維持一段婚姻，也是為了避免一個人時的無助感。這時候，婚姻就是他們心中的一個避風港、一個棲息地，他意識到自己再也不必在這個世界上單打獨鬥了，他的內心獲得了一種能量上的加持，兩個人的並肩作戰是要好過一個人的單兵作戰的。當面對這個世界的兇險時，他知道自己的背後還有一個人在為他隨時待命，那麼他心中就有了底氣，就會少一些害怕，多一些心安。

害怕孤獨的本質其實就是認為自己的內心太脆弱，自己一個人的力量無法面對這個困難重重的世界，所以想找到一個人依賴，獲取力量上的加持。

如果你也害怕孤獨，你可以問問你自己：如果你一個人生活，你內心深處對未來會有哪些擔心？覺得會有哪些困難？

那些擔心可能是模糊、未曾想過的，但是如果你仔細感受一下，就可以找到答案。

◆害怕被拋棄

一個人是脆弱的，他需要透過外部存在來武裝自己，讓自己能夠對抗危險。當一個人無法從金錢、工作、社會關係、權力等外在客體上尋找到力量的時候，就會渴望從一個強大的人身上來獲得。這時候他會渴望親密關係，用親密關係來對抗內心的弱小感，而渴望親密關係的時候，就會害怕被拋棄；越是渴望親密關係，就越害怕被拋棄。

有的人怕伴侶出軌，怕自己被拋棄，怕對方不愛自己了，怕兩個人的感情沒有未來；有的人怕對方善變，怕突如其來的分開。實際上，這也只是一種表面上的害怕，追問到深處，你會發現，他怕的還是獨自生活的恐懼，他們的邏輯就是：「別人拋棄我或不喜歡我，我就會一個人，我一個人有可能會面對很多困難，無法應對。」

實際上，被某人拋棄並不會導致你一個人獨活。你被某人拋棄了，世界上還有七十七億人呢，你並沒有被這個世界所拋棄，如果你想找的話，可以找到更多的人陪你，可是內心恐懼的人就會因為被一個人拋棄了，直接聯想到以後就只能一個人了，然後體驗到巨大的恐懼。

這時候，為了對抗一個人生活的恐懼，人就需要跟他人建立情感關係，並竭盡所能地避免被拋棄。所以，人除了要應對自己日常生活的種種外，還要花精力避免被拋棄、避免被不喜歡。

當你很害怕被對方拋棄的時候，實際上你已經完成了一個幻想：「對方是很厲害的，而我是很脆弱的，他能提供我某種生存保障，亦能輕易拋棄我，所以我得找到辦法，讓他不拋棄我。」

他人的這種強大實際上是理想化的。對方真的有那麼強大嗎？其實不一定，但在我們的想像中就是這樣的。我們會把對方想像成強大的保護者，而自己卻是個弱小無力的寶寶，就像在嬰兒時期時，我們是極度脆弱的，只有把母親想像成無所不能的保護者，才覺得自己是安全的。當我們在害怕被人拋棄的時候，就是把對方當成了母親一樣強大的保護者，把自己當成了無法獨立生存的寶寶。所以，當你害怕被拋棄時，先不要急於陷入如何不被拋棄的魔咒裡，而要先去思考：

如果他拋棄你，你會面對什麼樣的危險呢？

即使他不拋棄你，他能怎麼保護你？你能得到什麼呢？

他真的有這個能力嗎？真的比你還厲害嗎？

你真的那麼弱小嗎？

你會發現，兩個人彼此是誰保護誰還真不一定哪。

◆害怕犯錯、事情沒做好

一位同學說：「我去配眼鏡，結果店家很不專業，驗光測瞳距，結果居然有四毫米的誤差，這讓我感到非常氣憤。」當時我很好奇他為何如此憤怒，就問他：「你在擔心什麼呢？」他說：「我覺得他損害了我的視力。」

我接著問：「然後呢？」他說：「我看東西就會受影響，做事情就會不夠精細，就容易出錯，就會把事情搞砸，就會失去工作，就會沒錢，就活不下去了……」

基於配眼鏡的四毫米誤差，這位同學體驗到的是自己接下來會沒工作、沒錢、活不下去的巨大懲罰。當然，在意識層面，他那一刻覺察不到，但在潛意識層面，這些幻想都真實發生了。他對自己有一個做事要精細的要求，認為自己做事情不夠精細就會有災難發生，同時也把這種對精細的追求投射給了商家，認為商家做事情不夠精細，會替自己帶來巨大的災難。

一件小事沒做好就會有巨大的懲罰，這個邏輯看起來很荒誕，然而我們每個人的生活裡都在無數次地上演著這樣的鬧劇。類似的邏輯還有：「如果我今晚不刷牙，牙齒就會有細菌，就會長蛀牙，還會爛掉，那麼我就沒辦法吃東西了，就會被餓死。」很多有強迫症、潔癖的人都會有這樣的邏輯。

「如果我家孩子這題不會寫，期末考就會考不好，將來就會考不上好大學，找不到好工作，一輩子就會淒淒慘慘。」很多媽媽的焦慮、憤怒都是因為孩子那一點不夠好的表現激發了他們對於孩子糟糕未來的聯想。

「如果我今天沒加班，主管就會對我有意見，會安排不重要的任務給我，我會漸漸被淘汰，我在社會上就會活得很艱難。」在工作中不敢犯錯的人就會這樣嚇自己。

「如果我的身體有不舒服的地方，可能代表著我有嚴重的疾病沒有被查出來，這就會激發我內心巨大的焦慮和恐慌感，引發生存危機的不安全感。」

「如果我不幫自己制訂好計畫，如果我今晚熬夜看電視劇，如果我找不到感興趣的事情，如果我今天衣服沒穿好，如果我……」

每個活得焦慮、壓抑的人，心中都會有很多恐懼，他們生怕一件事沒做好，將來就完蛋了。那些習慣自我否定、自責、自我嫌棄的人更是如此，覺得自己一個地方沒有表現好就會罵自己。他們會來向我諮詢如何停止自責，我卻會跟他們探索，這個地方沒做好到底有什麼問題，然後我們就會找到他們基於某件具體的小事產生巨大危險的聯想。

在一些人的想像裡，這個世界是非常苛刻的，犯了小錯即要被懲罰，那麼為了安全地活著，就必須謹慎、小心、努力，不讓自己出現任何不完美和錯誤。他們的邏輯就是：「如果我沒把事情做好，我就完蛋了。」

所以，當你在焦慮、自責、憤怒的時候，不要急著去評判自己的這些情緒，你可以問問自己：

你在擔心什麼？

這件事做不好會怎樣？

這個地方做不好會怎樣？將來有哪些糟糕的後果？

把你擔心的東西一一列舉出來，看看你會有什麼感受。

◆害怕沒有支持

一個人的內在不夠強大，就會將自己置於一個危險叢生的環境裡，而這時候他可能需要透過與他人建立親密關係來獲得支撐。如果他不相信親密關係，或者覺得親密對象不夠強大，他就需要讓自己變得優秀。他會覺得：我必須堅強，因為沒人替我勇敢；我必須優秀，因為沒有人幫我遮風擋雨，而讓自己看起來強大的方式就是足夠優秀。

如果自己不夠優秀，就會激發內在的恐懼感，在一些人的想法裡，不夠優秀就等於活不下去。他們會用強大的外在來支撐自己虛弱的內在，以此獲得安全感，比如優秀的外在、穩定的工作、金錢、權力、人脈等。

人的內心一旦意識到自己是脆弱的，就會花費大量的精力、想盡一切辦法去獲得自己認為能讓自我強大的方法，來對抗內心深處的死亡焦慮，而抓住更多外在的力量就是他們能想到的方法。

他們從心底覺得：「如果沒有這個外在的支持，我就無法生存下去。」這種感覺就像不吃飯就會被餓死的真理一樣。在他們的眼中，未來是充滿未知的、充滿艱難險阻的，如果自己沒有這些外在力量，就會被人遺忘、唾棄、欺負，就會過得特別悲慘。

你可以問問自己：

對你來說，你只有獲得了外在的哪些支持才會覺得心安？

這些東西是怎麼給你力量的？

如果失去了，你在現在或將來會遭遇哪些危險？

然後心疼自己：為了活下來，你要做哪些努力？你怎樣看待自己內心的這些恐懼和努力？

◆怕不優秀

有的人對工作很焦慮，他表面上說工作很忙、很累，但你讓他停下工作、好好休息的時候，他就會表現出明顯的不安感。這種人通常是工作狂，會花大量時間投入工作，並不可避免地忽視家人。

當你去責怪他們不顧家時，他們會為自己辯解，說自己太忙，沒時間兼顧家庭，自己這麼做也是為了讓家庭有更好的經濟條件，也是在對家庭貢獻。實際上，在他們的潛意識中認為：「家人是靠不住的，工作、金錢和成就才是靠得住的。家人並不能在關鍵時候幫助我，金錢、能力和社會資源才能。」而且他們的邏輯就是：「如果我工作上不保持上進和優秀，我就有被社會淘汰的風險，我就會在將來活不下去。」

類似的害怕，例如：如果我性格不夠優秀、學歷不夠優秀、知識不夠豐富，我就難以升職，就找不到好工作，將來就賺不到錢，就會餓死。

◆怕沒錢

有的人覺得：「如果我沒有足夠多的積蓄，我很快就會沒錢花，那麼我就會窮困潦倒、流落街頭、風餐露宿、食不果腹。總之，生活會非常非常困苦，活不下去，甚至在我老的時候、生病的時候，沒有錢，我就沒辦法給自己基本的醫療保障。」

他們的邏輯就是：「如果我沒錢，我將來要活下去就會有困難。」

在他們的經驗裡，錢是最能保護好自己的東西，是最可靠的存在；金錢的力量是強大的，有錢能使鬼推磨。他們覺得，沒有錢解決不了的問題，如果有的話，那只是因為錢不夠多，所以，錢能極大地幫助他們完成自我保障，對抗危險。

對這樣的人來說，擁有足夠多的錢才能讓自己獲得安全感，所以認為錢能對抗脆弱和危險的人會對錢產生焦慮感，這跟他是否有錢無關。很多人外在已經足夠有錢了，但他們還是會很拚，因為他們很害怕有一天一旦沒錢了，自己就活不下去了；害怕遇到什麼變故，錢一下子就沒了；害怕自己養成浪費的習慣，錢越來越少。

他們把自己的生存希望寄託在金錢上，把自己的生命和金錢緊緊套在一起，沒有了金錢就等於生命遇到了危險，那麼錢對他們而言有多麼重要就可想而知了。

◆怕工作不穩定

在有的人眼中，錢不一定能讓自己感到強大，不一定能對抗危險，畢竟錢越花越少，終有一天會花完的。工作也不一定能讓自己感到強大，畢竟一份不穩定的工作隨時都有可能失去，自己依然有可能流落街頭。為了回避這種危險，有的人就會渴望一份穩定的工作，穩定的工作意味著有鐵飯碗，才能對抗自己能力不足時的風險、失去工作的風險。

所以，哪怕薪水很少，很多人仍會努力進入體制內工作，甚至有人寧願領兩千元人民幣的月薪當清潔人員，也不願意領兩萬元人民幣的月薪在企業內當白領，因為他們認為體制內才是穩定的、安全的，將來才是有保障的。

他們的邏輯就是：「如果我工作不穩定，我可能會失去工作，我就會沒有收入，就會活不下去。」

◆怕沒權

有的人特別崇尚權力，這些人會覺得錢是不穩定的，有很多事情都不是錢能解決得了的，得有權力、有實權，這樣別人才不會欺負你，才不會看不起你，才能正眼看你，所以他們就會很努力地成為有權力的人。

持有這樣想法的人會透過很多方法努力往上爬，讓自己處於管理階層的頂端，好讓自己有安全感。相信很多人在工作中會遇到這樣的人，他們不是很注重自己的實際工作內容有沒有做到位，而是更喜歡耍手段，喜歡透過踩低別人、算計別人來提高自己的地位，使用一切有利的手段讓自己位居高位，好像只有自己擁有足夠地位時，才能脫離他人的控制，才能獲得自由，才能安心。可見，他們對權力的執念是很強烈的。

◆怕沒人脈

在有些人的認知裡，這是一個絕對的關係社會，你得有關係才能生存。找工作、求人辦事、獲得便利都需要關係，如果有強大的關係罩著，比什麼都好用，就好像有了關係就能迅速到達羅馬，一路綠燈，暢通無阻；沒有關係就會有各種紅燈、各種阻礙。

特別是在鄉下小地方，很多人都會覺得這是一個人情社會，孩子上學、老人退休、妹妹找工作、弟弟租房子、哥哥做生意、姐姐找對象都要透過關係來實現，若沒有關係，就會變成一個消息閉塞、沒有支援的人，走到哪裡都會碰壁。在他們眼裡，關係才是真正的鐵飯碗。

◆怕出意外

我有一個朋友，他早年用不多的積蓄在廣州買了房子，我自然是非常羨慕他的投資能力，雖然他人不在廣州生活，卻有先見之明，先在大城市購置房產。後來，我們聊到他最初買房的動機時，他說：「北方自古多戰亂。某一天，如果北方發生戰爭，我可以躲到廣州去生活。我要提前幫自己準備一條退路，有另一個家。」

這讓我非常吃驚，因為他的內心深處覺得，外在的大環境會給他一個不定時的懲罰，而且是巨大的懲罰。我知道，有很多人會在海外購置房產或者移民，他們或許也是為了以備不時之需，可以想見，他們的內心有巨大的不安全感。

有的人害怕北京的霧霾，有的人害怕四川的地震，有的人害怕國外的動亂，這些害怕其實都是在說：「環境會給我一個意想不到的、無法抵抗的懲罰。」除了這種災難性的懲罰外，還有的人會擔心來自身邊的一些環境懲罰。

比如說，尋常的某一天下午，你非常遵守交通規則地行走在人行道上，但你也有可能會被高空墜物傷到，會被突如其來的汽車撞倒。我看過一則新聞，有一輛 BMW 在等紅燈時，就突然被背後的瑪莎拉蒂追撞，導致兩人死亡。

有的人擔心飛機出事，所以會盡可能地避免乘坐飛機，不讓自己置身於失事的風險之中；有的人擔心去非洲會遭遇暴亂，所以決不去非洲旅遊；有的人擔心自己和愛滋病患者接觸時會被傳染，所以拒絕跟他們握手。

這些擔心都有一個特點：「我稍有不慎就可能灰飛煙滅，環境會給我巨大的懲罰。」而他們的邏輯就是：「如果我不準備好，我就有可能會遭受危險。」

這些擔心也有一點點現實的基礎，無可厚非。畢竟世事難料，總有一些不好的事情發生，這是機率性問題，誰也回避不了。

這個世界確實存在著不可預測的危險，有時候也可能會遇到不是出自他人本意的突發性事件，而遭受懲罰的卻是無辜的我們。

小心、謹慎都是沒有錯的，畢竟，小心駛得萬年船，多條出路、多條生機。但如果你為小機率的事件而花費大量的精力，那就無異於因噎廢食。你會花超過80％的心力，去處理不到1％機率的懲罰，這必然會影響你正常生活的進程。

對你來說，你是不是一個在生活上很小心的人呢？你是不是總在焦慮會不會發生各種意外呢？你是不是不敢去信任他人，覺得很多人都對你懷有不好的想法呢？

如果你總是這樣小心翼翼地生活在這個世界上，無時無刻不在避免自己受傷害，那麼你就需要好好心疼一下自己了——「對我來說，這個世界真的好危險，活著真的好艱難，而我是如此脆弱，我保護自己保護得真的好累。」

✦怕黑、怕鬼

除了這些來自他人和外在事物的具體恐懼，人還會感到莫名的恐慌和害怕，在我的課堂上，經常會有同學談論到兩個害怕——鬼和黑。

我很好奇，這個世界上真的有鬼嗎？這個真的不知道，起碼迄今為止，還沒有人見過真的鬼，所以在現實層面應該沒什麼好怕的。而黑只是一種顏色而已，如果你怕黑，那你要去問問自己為什麼不怕白？為什麼不怕紅、黃、綠、藍呢？

在現實層面，鬼和黑都不足以導致實質性的危險，但是在想像層面裡，這種害怕就會變得無限大和花樣百出了。你可以仔細觀察你的想像，當你在害怕鬼和黑的時候，到底是什麼樣的害怕？到底在怕什麼？

在有的人的想像裡，鬼是很具體的，「鬼長得很恐怖、很嚇人，鬼會爬到我的床頭上，會打我、抓傷我，會傷害我的身體。而黑夜就更可怕了，黑代表了未知，代表了各種被懲罰的可能性，代表了會突然跳出一個壞人對我搶劫，再捅我一刀；代表了突然有人會蒙住我的頭，然後帶到一個危險的地方割掉我的腎；代表了會突然衝出一條瘋狗咬我一口，而不管我怎麼呼救也沒人理我。」

治療一個人怕鬼和怕黑的恐懼，其實就是要他把具體化的恐懼想像描述出來。經過探討你就會發現，一個人之所以怕這些虛無縹緲的東西，其實是因為在現實中真的有人這麼對待過他們，讓他們形成了這種固有的經驗。那種恐懼的感覺被壓抑和儲存在潛意識裡，就會透過某個籠統的形象投射出來，他們的邏輯就是：「如果黑和鬼出現，我就會有被傷害的危險。」

那麼這時候，你要給自己一點時間和安撫，問問自己：在你曾經還弱小的歲月裡，或者在你的經驗裡，是誰或什麼事件讓你感受到了這樣的恐懼，是什麼樣的畫面和傷害讓你感到害怕呢？

03 缺乏安全感的本質

◆缺乏安全感的內在邏輯

透過以上列舉，我們會發現，缺乏安全感的內在邏輯就是「如果有A，我就會有危險」，即如果發生什麼或沒發生什麼事，我就會遭遇某種不可應對的危險。只要你有這樣的邏輯，你就會對現實進行很多危險加工，讓你的內心越來越恐懼。

「如果我沒有存款，我將來老了就沒辦法養活自己，我就會餓死。」

「如果我工作中做錯了，我就會被主管安排到邊緣部門，我就會漸漸被淘汰，我就會被世界所淘汰。」

「如果我不夠優秀，別人就會嫌棄我、看不起我，就不會跟我做朋友，我就會孤獨終老，一個人生病了都沒人管。」

無論你在怕什麼，只要不構成危險，那都是一種表面的害怕。你可以沿著這條線去問自己，找到背後深處的害怕，找到你安全感之所在。

那要怎麼問自己呢？

如果發生A，你覺得會怎麼樣呢？

如果A沒有發生，你覺得會怎麼樣？

注意，在這裡的「會怎麼樣」，是我們要去瞭解一個人的主觀現實裡會發生什麼樣的後果。有的人會回答一些情緒感受，會說「會憤怒」、「會委屈」，這個其實不是現實後果，而是情緒反應。因此，我們需要去問，在一個人的理解裡，會有哪些現實後果，一步步地追問到與危險相關的結果。

即使一個人沒有感受到怕，他感覺到的是其他負面情緒，如憤怒、委屈、焦慮、難過等，這些負面情緒背後隱藏的也都是害怕。恐懼就是一個人最底層的情緒，基於恐懼，人會發展出種種隱藏的情緒。

當一個人有情緒的時候，我們也可以去問：

你希望怎麼發生呢？你覺得在理想狀態下，怎樣最好呢？

沒有發生這樣的狀況，對你來說意味著什麼呢？你在擔心什麼呢？

你覺得，發生了或沒發生，會有怎麼樣的現實後果呢？

比如說，一個媽媽對自己的女兒很憤怒，因為他寫作業總是不認真，我問他：「女兒寫作業不認真，你在擔心什麼呢？」這個媽媽說：「那女兒的學習成績就會下滑，他將來就會考不上好高中，他想出國上大學的夢想也就實現不了。」

看起來這個媽媽是在表達愛，他的憤怒是希望女兒有個好前途，但我們要時刻謹記一個原則——回到自身，這個媽媽最終一定是在擔心自己遇到的某種危險。

每個媽媽都會希望自己的孩子好，這和無法接受孩子將來過得不好是兩回事。愛孩子的媽媽希望孩子將來好；因為孩子影響到了自身的媽媽，則會要求孩子必須將來要好，這兩者傳遞出來的動力不一樣，一個是你好了更好，不好我也愛你；一個是你不好我就跟著遭殃，所以為了我你也必須要好。

我接著問：「女兒實現不了上大學的夢想，會對你有什麼影響嗎？」這個媽媽說：「這就意味著我是一個很失敗的媽媽，我就是一個很失敗的人。我這麼失敗別人就會看不起我，別人就會攻擊我、不喜歡我，那我一個人就要面對很多困難。」

你看，這個媽媽最終擔心的其實是別人的攻擊和不喜歡，是自己一個人要面對很多他無法解決的困難，這些恐懼讓他現在就非常焦慮女兒的作業，並以憤怒的形式表達了出來。這些邏輯被清晰化後會覺得很不合常理，但潛意識並不講道理，由潛意識產生的聯想和擔心一瞬間就可以發生。

◆自我恐嚇

讓一個人失去安全感的並不是外在真實地發生了什麼，而是他對於這件事的糟糕想像，想像的後果越糟糕、越嚴重，人的安全感就會越低，而這個過程就是自我恐嚇。

有的人覺得，的確是這樣的，這是事實啊！每個人都活在自己的主觀經驗裡，在自己看來，的確是這樣的。一個人正是因為堅信這是事實，才能一直按照這樣的邏輯生活，但從客觀來看，這只是一個機率事件，是部分關聯，而非絕對關聯。極端的例子就是：「如果我沒有每天五點起床叫醒太陽，人類和我將陷入黑暗，面對死亡。」

從你的視角來看，也許你會覺得這樣的想法難以理解，很荒唐，但是當一個人陶醉在自己的世界裡時，他對此是無法自拔、毫不懷疑的。他堅信，這就是客觀世界的運行規律，而非主觀現實。

同樣的，有時候我們用自己的視角去看待別人的時候，也會無法理解別人為什麼那麼害怕沒工作、害怕被拋棄、害怕與人產生衝突、害怕別人不開心、害怕犯錯、害怕坐飛機、害怕孤獨，為什麼在他們的世界裡，稍有不慎就會有危險發生？

讓人失去安全感的正是他內心深處的自我恐嚇，在某些人的想像裡，安全地活下來是一件伴隨著很多危險且應對起來非常艱難的事。

◆我的本質是脆弱的

自我恐嚇的想像一般是從這兩方面出發的：

一、世界的本質是危險的

外在是危險的，意外會懲罰你，他人會懲罰你，環境會懲罰你，生活會懲罰你，甚至連鬼都會懲罰你，很多你無法掌控的外在都會懲罰你。

在你的想像中，總有一個比你強大百倍的力量在盯著你的錯誤，盯著你的軟肋，它會出其不意地給你製造一些傷害。

這個世界對你來說是很危險的，外在的懲罰對你來說是摧毀性的。

二、我的本質是脆弱的

危險也就罷了，在你潛意識的想像中，你要應對這些危險感到非常艱難，麻煩重重，你一個人的力量實在是太微弱、太渺小了。

這種感覺就是：「我的本質是脆弱的，我是沒辦法照顧好自己的。我既無法在危險面前保護好自己，又無法在生活困難之前從容應對。」

◆活下去的方式

可是，潛意識裡的求生本能讓你還是想活著，那怎麼辦呢？

所以，為了不讓自己受到傷害，你不得不小心翼翼地去做事，去一一排除失誤。你要充當一個職業掃雷師，每天二十四小時不能放鬆地排除被炸死的可能，你潛意識裡會覺得：「我必須做對，才能活下去。」

你還需要去討好、去經營，不能讓別人嫌棄你、拋棄你，得想盡辦法讓別人喜歡你，想辦法把某個人留在你身邊，讓你獲得庇護。你潛意識裡覺得：「我必須依賴他人，才能活下去。」

你會很努力、很上進，企圖獲得越來越多的外在力量，變得優秀、有錢、有權、有足夠的資源來支撐內心的虛弱。在你的潛意識裡：「我必須有強大的外在，才能活下去。」

當你的潛意識裡有恐懼時，你就會被這些恐懼所驅使，讓它們掌控著你的生活。當你開始覺察這些，當你體驗到安全感缺失的時候，你最需要做的是心疼自己。世界那麼危險，生活那麼困難，而你需要那麼努力才能安全地活下來，這是多麼辛苦的一件事啊！而你已經堅持了這麼多年。

先問問自己：「我累了嗎？」然後睜開眼再看看，「危險和困難都是真的嗎？我必須這麼做嗎？」

04 健康的安全感

◆安全感過低

有時候，自我恐嚇未必是一件絕對的壞事，甚至自我恐嚇在某方面而言的確是在保護著我們。安全感低的人總是會說自己不敢做這個、不敢體驗那個，當我們說他們是膽小鬼的時候，他們確實也是在避免自己受到傷害。

比如說，一個人不敢游泳，怕溺水而死，那麼他就會本能地遠離水源，只要不做嘗試就更不容易在水中發生意外。一個人不敢去坐雲霄飛車，除了體驗不了遊樂園中的刺激之外，也不會發生意外。一個人怕黑，就會很少走夜路，那麼他確實就會比經常深夜外出的人更安全。這就是安全感低的好處，雖然生活中他們總是小心翼翼，但是確實防禦了很多意外，讓生活變得更安全了。

安全感越低，就會對生活有越多的儲備和小心，遭遇危險的機率也就會越低，活下來的機率就越大，但這也並不是說安全感低了就是一件好事。

安全感過低的人，你會發現，他們天天忙著防禦危險，沉浸在惶恐中，做這個不行，做那個也危險，就會導致兩個糟糕的結果：

一、什麼事都做不了了，生活變得單調

他們不敢去突破舒適圈、不敢去挑戰，不敢讓生活變得更精彩，只顧著患得患失。因為怕飛機出事而不敢坐飛機，那麼你就永遠看不見真實雲海的美妙，體會不到在雲端的感覺。安全感低的人也最好欺負了，因為他們怕跟他人發生衝突，就不敢為自己爭取利益，只能忍氣吞聲，默默地做個吃虧的老好人。

所以，安全感是支持我們行動的基礎。

二、必須做的事很多，從而特別辛苦

因為怕沒錢，所以就得每天帶著焦慮感努力工作；一旦鬆懈就怕沒有飯吃，只好把自己變成一臺賺錢的機器，終日勞作；因為怕被拋棄，所以不敢談戀愛，怕走入親密

關係，一想到自己的缺點要暴露在喜歡的人面前就受不了那種羞恥感，一想到如果雙方發生爭執，對方生出想要遠離自己的衝動就受不了。因為怕被辭退，所以只好每天加班奮力表現給公司看，一旦主管對自己表達了什麼不滿或工作上出現了什麼疏漏，就誠惶誠恐，焦躁不安。

◆安全感過高

安全感過高也是一件很糟糕的事情。當你過於相信外在安全時，就容易生出事端。有的人對工作特別有安全感，敢把當月的薪水全部花完，從來不計畫未來，可是當他們遇到急事沒錢用的時候，那就很頭疼了。有的人在感情裡過於信任對方，對方總是和異性朋友親密往來，甚至夜不歸宿，也相信對方不會背叛自己，但是當感情真的出了問題時，對自己來說又是一個很大的打擊。有的人對人際關係的安全感過高，總是說話口無遮攔，不考慮他人的感受，意氣用事，那麼遲早會被他人遠離。

這個世界上有很多恐懼的確是真實存在的，我們確實不能完全忽視，所以父母在教育孩子的過程中，要適度剝奪孩子一部分的安全感，讓孩子知道，那樣做是有代價的。如果孩子過於相信這個世界是很安全的，對世界充滿了期許，反而會失去警惕，容易陷入真正的危險中。

◆健康的安全感

健康的安全感是適度的。怎樣叫作適度呢？適應現實就是適度的。健康的安全感既不會讓自己處於無法應對的危險裡，又不至於影響正常生活，這就是合適的安全感。

安全感有一個變化的過程，我們在不同的事件裡應該有不同的安全感，例如面對老虎和病貓的時候，你應該會有不同程度的安全感。

當你感到沒有安全感的時候，你只需要去檢驗：你在擔心什麼危險？這個危險是真實的嗎？傷害有多大？機率有多大？你承受力有多大？

試著判斷一下，然後調整自己。

05 如何獲得安全感

愛自己的方式之一，就是滿足自己的安全感；滿足自己的安全感，就是照顧好自己的脆弱；雖然你很脆弱，但你可以照顧你的脆弱。

你可以用以下幾種方法去照顧自己：

◆適度放棄

當缺乏安全感時，不妨思考一下，是不是對於一些事情投注了過高的期待值，致使你對當下和未來充滿疑慮和恐慌，若是執念越深，最後受到的傷害就越深。當你對即將面臨的危險情境感到極度恐慌時，不妨放棄執念，調整期待，改變方向，讓自己不要長期陷入痛苦之中。

只要你肯逃避、肯放棄，這世界上就沒有能讓你受傷的東西——三十六計，走為上策。為什麼叫上策呢？孫子兵法中最厲害的就是放棄，惹不起，你還躲不起嗎？

當你害怕與人衝突、害怕被懲罰的時候，你是可以認輸、可以臨陣脫逃的。你沒有必要跟一個看起來兇神惡煞的人去計較得失，也許你會損失一點利益，但比起自己內心體驗到的安全感來說，這不算什麼，你沒有必要讓自己冒險去做自己害怕的事。

放棄的目的，就是不把自己放到危險的情境裡。

也許放棄會讓你在某些方面遭遇一些損失，但如果你讓自己處於一種安全的環境中，去做那些你覺得安全的事，就會讓你有更大的收穫。

對未來感覺到害怕，怎麼辦？害怕萬一將來變成一個窮光蛋，怎麼辦？那就窮吧，放棄富裕，窮也有窮的活法。

害怕年紀大了找不到對象，怎麼辦？那就單身吧，一個人也有一個人的精彩。

害怕老了沒有人照顧，怎麼辦？那就放棄抵抗，孤獨終老吧。很多人晚年都是很孤獨的，也沒什麼大不了的。

聽起來有點自暴自棄、自甘墮落，可是你那麼努力地想要實現另外一種狀態，誰說它就一定是好的呢？

放棄也不是放棄全部，而是放棄部分。放棄艱難、辛苦的部分，放棄沒必要的部分，更合理的表達是「調整期待」。

你要知道，這個世界上存在著千千萬萬種活法，不是只有達標的人生才值得活。每種活法都是一種體驗，本質上並沒有什麼區別，真正的區別不在於狀態，而是在於心態。

◆小冒險

導致我們安全感缺失的原因是自我恐嚇，而打破自我恐嚇的方式就是小冒險。

往前冒一點點的險，然後檢驗一下有沒有危險，如果沒有危險，就再冒一點點險。這類似於遊戲中的升級打怪，想要突破某種限制，想要摘取某種結果，總要一步步來，而且實踐才是檢驗真理的唯一標準。當你一點一點地去檢驗這個世界、這個事件對你來說是否是真的危險後，你才能獲得最真實的結果。

我有一次被同事帶去做美容，那是我第一次去美容沙龍。美容師用一些小儀器在我的臉上施作的時候，把我嚇得不輕，心想「這是什麼東西，怎麼可以隨便用在臉上呢？」美容師把儀器放在我臉上的時候，我因為沒有接觸過這個東西，就會本能地恐懼，觸碰我的安全警戒線，但我用理性告訴自己：「這是安全的，很多人都用過，不會有事的。我害怕是因為我沒有體驗過，我可以讓美容師在我臉上稍微做一下，感覺一下有沒有危險，如果真的接受不了就放棄。」

我就在害怕中去嘗試了一下，讓他把儀器放在我的臉上，結果發現並沒有危險，也不會痛。我就帶著我的害怕、恐懼又去做嘗試，做完之後，我根據結果驗證了一個事實：原來它真的沒有危險，這就是現實檢驗。

如果缺乏現實檢驗的能力，就會表現出：你第一次感覺到很害怕，而當儀器放到你臉上時，沒有發生危險，但下次你還是很害怕，再下次你還是怕。無論沒有危險的事發生多少次，你都還是怕，這就叫作喪失了現實檢驗的能力。

如果你的安全感過高，你就會允許美容師在你臉上隨便動刀，你都會覺得沒事，過於相信美容師的技術，而等真的發生危險的時候，你又會後悔莫及。所以，為了避免產生不可逆的後果，也要用帶著警覺的心去觀察。當你察覺到你的安全感有些高了，那麼你下次就要再謹慎點，把安全感調低一點，來避免自己受傷。

小冒險就是帶著恐懼去做一點點嘗試。

◆求助

打破安全感的重要方式之一就是去求助，當你覺得自己不行時，你要記得有其他人可行，你可以去找別人幫你解決當下的困境。你一個人的力量不足以照顧自己，但是外在有很多力量可以支持你，你可以求助你的伴侶、父母、朋友、老師，你還可以求助一一〇，甚至還可以求助陌生人，他們都是可以提供你幫助的資源。

有人覺得他人都靠不住，這是因為他對他人缺乏基本的信任感。其實，小困難可以靠朋友，大困難可以靠社會，總有人可以來幫助你。如果你覺得沒人靠得住，這極有可能是因為一個想像橫在了你的心間，讓你覺得他們都不會來幫助你，即便求助了也沒有用。這時候，你就得回到上一個方法——小冒險，做出一點突破，嘗試去求助一下，略微求助一下，看看能得到什麼樣的結果。

求助有可能會被拒絕，的確存在著這樣的風險，但不是所有人都會拒絕你，被拒絕就像中獎一樣是機率問題，並不是因為你自身不值得被幫助。你想讓所有人都拒絕你，那可是一種真本事，如果你有「你們所有人都會拒絕我，所有人、所有事都會拒絕我」這樣的想法，那麼你未免也太自戀了。

求助有可能成功，也有可能失敗，即便失敗了也不要氣餒，而是要調整方向。有的人一被拒絕就氣餒了，他們用被拒絕的結果來攻擊自己，把他人的拒絕理解為「我不好」。實際上，被拒絕是在告訴你：這個人是不行的，你需要換個人嘗試；或者這個方法是不行的，你需要換個方法再試試。

至於你到底值不值得這個人幫助呢？你得去檢驗，之後才能知道。

求助的前提是內化出一種對關係的信任，你要相信這個世界對你是友好的，相信當你需要幫助的時候總會有人來幫助你。如果你的心裡從來沒有覺得自己是跟別人有關係的，那麼你就不得不獨自一個人去面對這個世界了。

◆交換

有很多人不願意去求助他人，因為他們總覺得自己不重要，不值得別人的幫助。如果你覺得自己不值得別人幫助，透過交換來獲取別人的幫助也是可以的。比如說，用錢去交換一些你想要的幫助，貨幣本身就是資源置換的一種方式，它可以幫你極大地擴展自己的能力。假設你怕一個人出門，那麼你請十個保鏢護送你出門，你的安全感一定會大大提升。

有錢不僅可以解決一些實際的問題，同時也可以買到很多愛。有人說，用錢買來的不是真愛，可是為什麼由顏值開始的愛就是真愛了呢？用付出換來的就是真愛了呢？用別的換來的就是真愛，用錢爭取來的為什麼就不是真愛了呢？這是不是能夠說明你對錢存在偏見呢？

你真心給錢，他人真心為你付出，這就是真心的真感情。你覺得他人不真心，可能是你反射性認為他人的職業道德太差，沒有為你盡心盡力，但其實大部分人在工作上都是很用心的。

為什麼說錢可以帶來安全感？因為有了錢，就可以找到很多人、換來很多資源來幫助你。如果你有錢，但不會利用，不懂得用錢來獲得幫助，就是沒有充分發揮錢的價值，因此，獲得金錢也是愛自己的重要方式之一。

◆跟原生家庭分離

提升安全感最重要的方式就是跟原生家庭分離，你要開始慢慢地心疼自己。

當你覺得自己離開別人就會活不下去的時候，你可以試著靜下心來感受一下：這是真的嗎？在你很小的時候，你離不開父母、離不開夥伴，但是現在呢？你已經長大了，有能力獨自一個人面對生活了，那麼你就要思考，你有哪些能力可以支撐自己面對這一切呢？

當你覺得別人會懲罰你的時候，你可以靜下心來感受一下：這是真的嗎？也許是小時候，當你犯了一個錯誤時、當你父母心情不好時、當你沒有讓他們滿意時，他們就會懲罰你。但是現在的你可以再問問自己，這是真的嗎？現在的你跟當年的你有什麼不同之處呢？

在弱小的童年，我們的心靈是很脆弱的，只能透過依賴和養育者的供給體驗到愛和安全，但是養育者的供給不是全能的，養育者的保護和照顧也不是完美的，你也不可能像溫室裡的花朵一樣不經歷一點風雨，你勢必會體驗到不同程度的危險和恐懼。

雖然在現實中，你存活下來了，但是在長大的過程中不僅有歡樂也有痛苦，甚至是創傷。那麼，成長中摻雜的血和淚就是你再也不想去觸碰的悲傷和恐懼，就會被你壓抑在潛意識裡，伴隨著你來到成人的世界中。你之所以會感受到不安全，是因為當下的情境激發了你潛意識中的恐懼，你要知道，這些恐懼已經不一定是真的了。

06 原生家庭及育兒中的安全感

◆人爲什麼會自我恐嚇呢？

人之所以會自我恐嚇，是因為他有過很多被恐嚇的經驗，他從現實經驗中知道了這個世界是苛刻和危險的。這個經驗來自一個人的原生家庭、學校教育、早年經歷、成年重大事件等，其中原生家庭的影響較為顯著，我們先以原生家庭為例，探索人的安全感是如何被影響的，但你要知道的是，這絕非唯一的影響因素。

零歲至一歲半是安全感建立的關鍵期，這個階段被佛洛伊德稱為口腔期。這個階段的嬰兒對世界是完全沒有判斷力的，完全依靠母親存活，而父母的忽視會讓嬰兒體驗到巨大的恐懼，這種恐懼會被壓抑到潛意識裡，多年後依舊會影響他的生活。

當你能探索到你內在的一些恐懼時，你可以找到很多關於這些恐懼的記憶，若是想要消除深藏在潛意識中的恐懼，就要拿出面對它的勇氣。透過探索，讓恐懼浮現出來，一遍一遍地釐清恐懼的形成過程，才能更好地理解自己的恐懼，進而理性地判斷恐懼是否真實，也就有了處理恐懼的可能。

◆父母的人格

在家庭中，自身就沒有健全人格的父母會對孩子的成長產生很大的影響。一個人如果從小就被父母或他人恐嚇、威脅、懲罰，弱小的自己是無法面對這樣的恐懼的。當這種恐懼一遍一遍地重複，他就會記住這種感覺，弱小的自己會把對這個世界的危險認知放大，從而在心中形成外在是很危險的印象。

如果長大後他沒有去調整這樣的認知，沒有重新去認識這個世界，那麼他對於危險的認知就會被保留下來，也就是說，雖然他生理上已經三十多歲了，但是在他的頭腦裡還存著一個小孩子看待世界的想像。

一、有的父母本身就是一種危險源

當孩子表現得不令這樣的父母滿意的時候，他們就會直接對孩子進行懲罰。我訪談過很多在這樣的父母教育下長大的孩子，他們對於原生家庭很大的體驗就是：但凡做得有偏差，不管是多麼小的一件事，都會受到指責、謾罵或體罰。有時候，他們自己也很困惑，都不知道自己做錯了什麼，就會受到莫名的懲罰。

一位同學說：「小時候，只要我沒照顧好媽媽的感受，我媽就會罵我，連我爸都會一起跟著他罵我，親戚朋友們也會幫腔說：『你媽做生意這麼忙，脾氣難免有些暴躁，說話難免有些難聽，你要多體諒你媽，你媽很辛苦。』媽媽總是指責我不懂事，總是用髒話罵我：『你真是一個廢物！我辛辛苦苦從早忙到晚，水都沒來得及喝一口，而你卻在家舒舒服服的，家事也不做，也不看眼色去做飯，還想等著我回來做，是不是？看我不一巴掌打死你！』每當回憶起這個畫面，都能讓我痛苦好久。」

這位同學沒有能力隨時照顧好媽媽的感受，那麼對他來說，來自媽媽、爸爸、親戚的懲罰就是隨機的，他不知道下一刻會有什麼危險，就只能更加小心地生活。在這樣的恐嚇環境裡，孩子的內心就形成了一個危險的世界：「只要我做得不夠好，就會有懲罰和危險發生。」

對於那些生活在暴力家庭中的弱小孩子來說，父母的暴脾氣簡直就是災難，長期生活在這種語言與肢體的懲罰中，孩子的心靈會籠罩上黑色的陰影。父母本該保護孩子，卻成了孩子的危險源，長期與危險源共處，孩子就會覺得這個世界充滿危險。

二、缺乏安全感的父母會傳遞對危險的焦慮

有時候，父母傳遞危險感給孩子時並不是惡意的，但也會對孩子的認知發展構成威脅。父母自身就對這個世界充滿了不安全感，也有很多焦慮和擔心無處安放，就會本能地投射到孩子身上。

每當孩子生病的時候，有的家長就會緊張到不行，在他們的想像裡，孩子就像得了絕症一樣，他們會陷入極大的恐慌中。孩子還小的時候喜歡亂吃東西，什麼都往嘴裡放，有的父母就會恐嚇他們，告訴他們世界上有無處不在的細菌，把細菌吃到肚子裡就會長蟲，蟲會把肚子咬壞。

還有的父母擔心孩子的安全，為了不讓他們亂跑，就會跟孩子說，外面到處都是拐賣小孩的壞人，他們會把小孩的心臟掏出來賣錢。不管父母是不是出於好意，當他們把這種恐慌傳遞出去時，孩子就感知到了這個世界的危險性。

很多父母對孩子的調皮、不聽話很不耐煩，就會恐嚇孩子：「你不聽話，就把你丟

在外面被壞人抓走」、「你不好好讀書，爸媽就不要你了」，這樣的威脅在很多時候的確是有效的。

在成年人的世界裡，區分現實和玩笑是非常容易的，無論是童話還是魔鬼，接受過義務教育之後，我們都能區分清楚。但是在小孩子的世界裡是分不清楚的，小孩會當真，一個都能把童話當真的人，還有什麼是不能當真的呢？

孩子長大後同樣逃脫不了父母的焦慮：「如果你不趕快找到一個適合的對象，就會變成大齡剩女，沒人要了。你三十歲不生小孩，老了就沒人陪你、沒人照顧你，你就會很淒慘地孤獨終老了。」

有的父母很介意自己家裡經濟條件不好，他們會反復強調沒錢的後果，總是在家裡嘮叨沒錢的生活是多麼艱難，沒錢就會被人看不起，沒錢就會抬不起頭。父母那種無奈和委屈的感受就會被孩子感知到，沒有錢的世界是萬般艱難、寸步難行的。

一位同學說：「我小時候經常聽到爸爸、媽媽說家裡沒錢，日子過得很緊，捨不得買東西。爸媽說的時候我沒什麼感覺，但言語的背後傳達出來的是，沒錢是一件很可怕的事。」實際上是哪裡可怕，孩子可能沒有聽父母清晰地描述過，但他們傳遞的是一種未知的恐懼，它會瀰漫開來，讓人無所適從。

三、愛講道理的父母是一個危險源

有的父母受過高等教育，覺得不應該對孩子打罵，但他們內心又對孩子充滿期待，講道理就是他們懲罰孩子的方式。

培養孩子的人格和習慣是必須的，有感情的道理對孩子的成長是有助益的，但有的父母會沉浸在自己的道理裡，無法說服自己也無法說服孩子。他們所說的道理是一種強迫性灌輸，這種道理看起來是道理，氣勢上卻是恐嚇。常見的故事是這樣的：

媽：「整天就知道打遊戲，你看看人家小明有在打遊戲嗎？」

孩子：「沒有。」

媽：「小明就是因為沒打遊戲，所以成績才好。那你看看小剛有在打遊戲嗎？」

孩子：「有啊！」

媽：「小剛就是因為打遊戲，所以成績才不好。那你看看小紅有在打遊戲嗎？」

孩子：「沒有。」

媽：「小紅知道自己成績不好，所以沒打遊戲。那你看小劉打遊戲嗎？」

孩子（驕傲地抬頭）：「有呀！」

媽：「人家小劉就是因為成績好，所以才能打遊戲！」

父母能把道理講到無理可講，強迫你自願且帶著恐懼地做出妥協。

◆父母的溝通姿態

我們對這個世界的認知最早來自養育者的引導，而我們在脆弱的童年是極其依賴父母的，父母對待我們的方式以及我們與父母的互動方式會對我們的認知產生極大且長久的影響。

在原生家庭中體驗到的恐懼之所以這麼難以釋懷，是因為小時候受到的衝擊力太強了，而且這些衝擊會一遍一遍地重複。這種恐懼因為你害怕再次面對而被你壓抑下去，藏在了潛意識的抽屜裡，但是當你慢慢長大之後，你以為那些傷害已經過去了，其實並沒有真正消失，而是被你假裝遺忘了。

一、父母對待別人的方式是一種危險源

有的人覺得：「我的父母從來沒有打過我和罵過我，為何我會活得如此小心？」

如果爸媽經常說別人、其他孩子壞話，那孩子的內心也會覺得：「如果我像爸媽眼

裡的那些壞人、壞孩子一樣，我也會被同樣對待的。」

雖然危險並沒有實際發生過，但在孩子的視角裡，父母一直在以一種殺雞儆猴的方式威脅著孩子。

因此，身為父母，要注意自己的言論、對待其他人的方式，這些都會被孩子觀察到，並無意識地擔心自己有一天也會被這麼對待。

二、父母的忽視會造成恐懼

一位同學說：「媽媽經常以工作忙為由忽視我，就算在家也只顧忙家裡的事，從來不關心我的感受。在我的印象中，他好像從沒有跟我親近過，我彷彿不是他親生的孩子。」

父母的忽視意味著自己有被拋棄的可能，意味著自己對父母來說可能根本就不重要，這也就意味著，孩子要一個人去面對這個世界。他會覺得沒有人關心他的難處，沒有人理解他的心情，他的內心就沒有被支持的安全感。他會有很多自己克服不了的困難，甚至在影視作品中看到很多關於危險的想像，卻也不知道該怎麼處理。

有的人出生在有很多孩子的家庭，父母根本無法分心照顧他們，經濟的壓力已經讓父母不堪重負了，孩子們吃飯都要搶著吃，更別說提供他們更多的資源和支援了。這時，孩子就必須學會自己一個人摸索著長大，面對困難和恐懼時，也找不到合適的人訴說和幫忙，孩子就會習慣性地放大這種恐懼和無力感。

Chapter 3
自由感

01 輕鬆來自內心的自由

◆感受與理性

當我們去做一件事情的時候，內在有著兩個驅動力，一個是感受，一個是理性。

感受就是情緒的流動，那些讓你感到快樂、愉悅、幸福、輕鬆等正向情感的事，你會想去做更多，比如說去吃好吃的、去見喜歡的人、去玩喜歡的遊戲，去尋找刺激、自我挑戰等等。那些讓你體驗到悲傷、壓力、委屈、挫敗等負向情感的事，你就會無意識地想逃避，比如說不想做家務、不想加班、不想寫作業等等。

情緒是在身體裡的，當你體驗到生氣、委屈、開心、無助的時候，你身體的每一個細胞都會有所反應。情緒濃烈的時候，你還能明顯地觀察到自己身體的變化，比如呼吸急促、僵硬、放鬆等。

當你去做一件你喜歡的事時，不僅你的意識在指揮你做，你整個身體其實都在參與這件事。我們常說，身隨心動，這裡的心就是指人的內在感受，就是從心裡感受到的一種內在感覺。

但是你的感受未必能推動你成功做成某件事，因為除了感受，你同時還擁有另外一種動力來驅動，這就是理性。感受負責愉悅衝動，而理性則負責權衡利弊，理性在大腦裡產生，會去判斷哪些是「應該」做的事情。

當你開始權衡的時候，你就會去思考、糾結、講道理，用說服自己的方式去做你覺得正確、合理、應該的事情，比如說加班、不得罪人、做家務等。那些讓你覺得不合適、錯誤、不道德的事情，你就會不想去做，比如說浪費錢、自私、偷盜等。

在佛洛伊德的結構理論裡，這兩個部分被稱為「本我」和「超我」。感受就是本我的驅動力，是用來體驗愉悅的，而理性就是超我的驅動力，是用來正確決策的。

理性會對事物做出評判，就像在你的大腦裡住著一位批改作業的老師：這是對的，應該去做；那是錯的，不應該去做。而內心的感受沒有對錯，只有舒不舒服、愉不愉悅和想不想。感受和理性是兩套既獨立又相關的動力系統，這兩個動力同時作用於人的時候，如果方向是一致的，就叫作身腦一致；如果方向不一致，就是身腦分離。

◆累是因爲內耗，而非外在事多

感受和理性並非總是一致的，比如說，你覺得父母養育你，他們很不容易，所以應該盡量滿足父母的需求，應該多跟他們聯絡，這是你的理性。如果你這樣做了，就代表你是一個有道德的人、孝順的人，因為你從小受到的教育就是「要做一個有道德、孝順的好人」，所以你會覺得這些都是你理所應當要做的。

理性驅動的好處就是當你認同了社會規則時，你就會得到社會的認同。當你成為一個有道德、孝順的好人時，你同時也會得到父母、親戚以及身邊其他人的認可和好評，但成為一個好人未必是舒服的，你可能並不想跟他們頻繁聯絡，你覺得很煩，你的感受讓你很想拖延、逃避跟他們聯繫。

身腦分離的結果就是內耗，當你在決定是否做一件事情的時候，你的內心正在進行一場惡戰，兩方勢力正在互相殘殺。

你的感受說：「這樣做讓我覺得不舒服，我不想做！」但是你的理性說：「這樣做是對的，你必須這麼做！」可以想像，無論最後哪個聲音勝出了，你都是輸家。

即使最後本我贏了，你選擇了不去做應該做的事，超我也會一直責怪你，讓你非常自責，休息也也沒辦法安心，享受也享受得不澈底。

很多人覺得自己明明在休息，但還是感覺沒有得到充分的休息，其實就是內在充滿了焦慮和評判，才無法得到充分的休息。很多人看起來很閒，其實沒做什麼事，卻一直很累，原因就是如此。光是身體停下來有什麼用？思考並沒有停下來，外在沒在工作，內在卻一直在鬥爭。

即使最後超我贏了，你選擇了繼續去做，本我也會一直拖後腿，製造困難，不讓自己去做，這時候你做事就會效率低下、思維遲緩、創造力低，也做不出什麼好的成績來。這時，你強行去做，又因為這是你違背自己本心的決定，你也很容易感到倦怠、疲憊。

拖延就是身腦分離的結果，做事情不在狀態上也是。

一個人之所以會累，就是因為他過得很糾結，內在一直在撕扯；他的內心明明不想做這些事情，大腦卻非要強迫他做。如果一個人將精力都浪費在與自己鬥爭上，他便會感覺到疲累，也會覺得壓力大。

所以，如果你體驗到了累、壓力、迷茫、麻木時，你可以去思考一下：此刻，你是否已經身腦分離，你的心是否已經不再自由了？

◆輕鬆和創造來自身腦一致

身腦一致就是你做的事正是你喜歡、你真正想要做的事，而你停止做的正是你不喜歡的事。你的本我和超我、感受和理性同時往同一個方向用力，就會達到事半功倍的效果。很多人在工作和學習中創造力大爆發，特別有想法，特別樂在其中，就是因為他們的身腦是一致的。

自由是一種內心的體驗，當一個人的身體和大腦一起愉快地工作時，人就會感到特別舒服，特別有存在感。他體驗到了鮮活的自己，就會很有活力、朝氣和感染力，周圍的人也可以感覺到他積極的生命力。

一個人知道自己在做什麼，知道自己為什麼要這麼做，並願意堅持自己想做的，也能為自己想做的負責，我們就說他獲得了真正的自由。因為他不被內心的枷鎖所禁錮，所以他的內在沒有矛盾和衝突，像是馳騁在開闊的馬路上，盡情地狂奔，這時候的人就是有創造力的。

很多愛追求夢想的人都活得特別鮮活，因為熱愛，所以奮不顧身。有的人省吃儉用就是為了買到夢想中的鋼琴，當他沉浸在自己的演奏中時，他就是世界上最幸福的人。當一個學習平平的高中生為了考上夢想中的大學而開始奮發圖強時，他的身心和大腦在一起加油，他就有可能創造奇蹟，讓全校的人對他刮目相看。

身腦一致可以得到真正的輕鬆，當你聽從內心感受的召喚，想做的時候做，不想做的時候就不做，你就懂得了什麼時候需要休息，什麼時候可以放鬆。即使你的身體暫時會累，但也因為你知道這是自己的選擇和堅持，你的內心也是輕鬆的。

因此，自由也是輕鬆的。

◆內在自由才是眞正的自由

外在的不自由是必然的，人不可能自由地上天入地，隨心所欲。可是外在的不自由不一定是真的不自由，我們判斷一個人是否自由的標準是身腦是否一致，思想是否跟身體保持一致。具體來說，不自由就是你想做卻不能去做，或你不想做卻不得不做。你不想做而沒做，這就是自由。以下我列舉了幾種常見的情況，你可以感受一下什麼是內在的自由。

當別人控制你的時候，你是不自由的嗎？

這得取決於你喜不喜歡被控制。

當你不喜歡被控制卻又不拒絕時，這時候你就會體驗到不自由，你會開始期待別人尊重你，不要強迫你，要去理解你，你會試圖透過讓別人順從自己來獲得自由，但也不是所有的管束都是不自由的。

有的人就是喜歡被管，他不想自己做決定，就是喜歡別人告訴他該怎麼做，他只要去做就好了，他覺得這樣可以節省自己的力氣，所以他是自由的。還有的人覺得對方對自己很重要，所以可以放棄自己的想法去聽對方的，這時候他也是自由的，因為他是完全跟隨自己的內心，做著自己想做的事。

當你在討好別人的時候，你是不自由的嗎？

如果你在討好別人的時候心不甘、情不願，一面討好，一面又很委屈；一面不敢發生衝突，一面又抱怨對方，那你就是不自由的。因為你真實的自我可能想拒絕他或想跟他發生衝突，可是你又不敢，所以你在違背自己的真心，那你體驗到的就是不能做真實自己的不自由感。

如果你在有意識地討好，在為了某種目的而討好，那麼這種討好出自你的本意，你就是自由的。你明白自己的想法，並在堅持執行自己的想法，你是在為自己的目標而努力著，那麼你就是自由的。

當你在負責任的時候，你是不自由的嗎？

責任分為兩種：

第一種，你的本意並不想負責任，但又覺得不得不負責任，這時候你就是不自由的。在負責任的過程中，你就會感到煩躁、焦躁，因為你感覺自己是不得已而為之。

比如說，一個人離婚了，他的內心根本不想要自己的孩子，但是又覺得不去爭取孩子會顯得自己沒人性，不是一個好媽媽，只好為了保留好媽媽的形象而去養育孩子。那麼，即便他看起來對孩子很負責任，他的內心也是很不自由的。

第二種，負責會讓你體會到使命感，體驗到一種意義，這時候你就是自由的。你很享受負責任的過程，你覺得自己在負責任的同時得到了昇華，你很愉悅和滿足，覺得自己很棒，那麼這時候的你就是自由的。

比如說，堅守崗位的警察在春節期間執行任務，不能回家過年，他要為自己的任務負責，而他也很樂意負起責任。他是在心甘情願地做出犧牲，他為自己可以保衛安全而感到榮耀，那麼他的內心就是自由的。

當你在堅持的時候，你是不自由的嗎？

堅持就是強迫自己，當你知道你在強迫自己，而且內心並不覺得糾結的時候，這種強迫就是有意義的，它也是一種自由。

比如說，你在爬山，身體爬不動了，但你非常渴望能夠看見山頂的風景，於是強迫自己繼續往上爬，這時候的你依然是自由的。因為你主動選擇了強迫自己，你的身腦是一致的，你的動作跟你的追求是一樣的。

比如說準備考研究所，每天讀書真的很累，但這是你的目標、夢想，你非常想要實現這個夢想，所以你決定靠自己的意志力再堅持一下，此刻的你就是自由的。但有時候，你已經不想堅持、想放棄這個夢想了，你的大腦卻在強迫你不要放棄，那麼此刻的你就是不自由的。

當被限制了人身自由時，你是不自由的嗎？

當你被限制住了行動能力，比如說生病住院、犯罪被關進監獄、在下班的時間不能及時下班回家，那麼你還是自由的嗎？

自由從來不以外在的身體在哪裡作為判斷，而是你的內心有沒有和你的大腦一致。如果你的身體在某個地方，你的內心和大腦接納了這樣的自己並且不再抗拒，轉而去做你能做的事情，你就還是自由的。

心理學家維克多・弗蘭克曾因為猶太人的身分被納粹關到集中營裡，身體失去了自由，當他的心不再抗拒這件事的時候，他就獲得了自由。在自由的基礎上，他開始追求自己喜歡的事，在集中營裡構思、寫作，並出版了經典名著《活出意義來》。

有的人因為疫情被困在家裡，身體不能外出自由活動，但是當他接受了這個事實之後，他其實已經是自由的了。有的人會在家裡打遊戲、寫作、做家務等，做自己喜歡的事，他們就實現了身腦一致，也就體驗到了自由。

02 常見的不自由表現

◆別人的要求如何讓你不自由

人生存在社會上，被他人強迫是在所難免的。每個人都是獨立、有自由意志的個體，都會渴望按照自己的自由意志去做事，並希望得到別人的配合。我們在行使自己的自我時，就會影響到別人的自我，對別人形成控制，所以只要你與人交往，就會被別人要求。

對有些人來說，他們不喜歡被別人要求、控制，覺得自己被強迫，非常不舒服。這時候，如果他們選擇忍耐，不去為自己的不舒服做點什麼，那他們就是不自由的。

有一位同學說：「我被借調到其他部門，但是我不想在這個部門工作，心裡有委屈卻不敢表達，每天上班都覺得非常心累。」對於這位同學來說，委屈是他非常真實的感受，他的委屈告訴他，他並不想被調到其他部門。

這時候，他獲得自由的方式有兩種：

1. 讓他的大腦尊重並聽從內心的感受，想辦法不去其他部門。
2. 去發現其他部門帶來的好處，讓內在感受接納去其他部門這件事。

無論是讓感受跟隨理性還是讓理性跟隨感受，只要這兩者方向是一致的，他就可以實現身腦一致，獲得自由。

如果要選擇讓大腦聽從內心的感受，那麼這位同學可以做的事情就太多了。例如他可以去向主管表達自己的需求、不滿和委屈，也可以去跟主管談判、分析利弊，希望主管能夠考慮自己的建議；甚至還可以送禮物給主管，哄主管開心，從而讓結果往感受愉悅的方向發展。

無論你做什麼，當你是在為自己的愉悅感受負責時，你就是自由的，至於主管同意、不同意是一回事，你有沒有為內心的需求爭取過則是另外一回事。假如你爭取失敗了，你就可以去做別的選擇了。

別人的控制、要求、強迫從來不會讓人失去自由，讓人失去自由的是我們內在「必須順從」的邏輯，是「如果別人有要求，我就必須順從」、「當別人控制我，我不應該去反抗」的懦弱。

一個人一旦覺得自己應該順從，那他就會放棄維護自己的需求，從而讓自己處於委屈的狀態。這種委屈一次、兩次還好，隨著委屈的積壓，人最後就會暴怒。在順從的內在邏輯下，你會讓自己陷入一個矛盾的僵局——從感受上來說，你想堅持，不想妥協；但從理性上來說，你又覺得應該去滿足他們的需求。

一旦你無法化解這個衝突，最後就會以暴怒的方式展示出來：「你不要再對我有要求了，我不想再順從你了。」其實，讓我們失去自由的從來不是別人的要求，而是我們內心的懦弱。

◆別人的嫌棄如何讓你不自由

別人的嫌棄、指責、批評也是常見的現象，很多人對此的反應就是暴跳如雷或委屈無比，覺得自己不應該被這麼對待。其實，別人如何用語言評價你是別人的事，你怎麼做是你的事。為什麼別人的評價能輕易地刺激到你呢？

一位同學說：「公公嫌棄我直接用水龍頭洗手太浪費水，我非常生氣。我覺得公公管太多了，連用水龍頭洗手都要管。」

我跟他說：「對啊，聽起來沒什麼問題。用水龍頭洗手是不如裝水洗手省水，我同意你公公的論點，但就算你公公是對的，並不代表你要改正。」

對這位同學來說，他體驗到的是公公的嫌棄。他壓力很大，覺得怎麼連洗手都無法自己決定，還要被管束。可是，讓他不自由的是公公的嫌棄嗎？其實是他內心那個「如果A，我則B」的想法：「公公嫌棄我，我就只能改；公公說得對，我就一定要改。」

他說：「不然呢？」

我接著說：「誰規定因為公公嫌棄，媳婦就一定要改呢？雖然浪費水是錯的，但是誰規定直接用水龍頭洗手就是浪費水呢？」

選擇或不選擇節約是你的自由，你可以大方承認。如果這是在他家的話，你就尊重人家的規矩，沒辦法，畢竟你用了人家的水。但要是在你家的話，性質就不一樣了。

他接著說：「這樣會有衝突啊。」這時候，他內心的邏輯就變成了「我為了不跟公公產生衝突，選擇了順從公公」。為了不和公公衝突，你可以選擇妥協，這是沒有問題的，這和「公公嫌棄我，我就必須改正」是兩種不同的內在動力和感覺。

讓我們不自由的並不是別人的嫌棄，而是對於別人的嫌棄，我們失去了選擇的能力，是你內心裡「一旦別人嫌棄我，我就必須改正」的邏輯讓你不自由了。除了改正之外，面對別人的嫌棄，你還可以：

棄合理，就是不改。

講得正確，就是不改。

你說得對，就是不改。

即使衝突，我也不改。

如果你先改，我可以考慮之後才改。

但是這樣的決定是需要勇氣的，你敢嗎？

自由的一部分，就是敢於面對衝突的勇氣。

◆事情太多如何讓你不自由

生活中的事情是無限多的，一個人只要去選擇做事，就能找到無數的事情做，但如果他開始選擇不做事，他就會很輕鬆。對有的人來說，他總能找到做不完的事，把自己弄得很忙，然後特別累。

一位同學說：「在工作中，同事不按照公司規定的標準來做事，導致我接手他的工作時還要重新再做一遍，我很憤怒。」

是什麼原因讓這位同學憤怒了呢？是同事不按照規定做事嗎？那你可以要求他把工作做得合乎規定再交接給你啊。如果他不做，你也可以不做，反正糟糕的結果不是你導致的，縱使被追究，你也有理由。可是這位同學做不到，因為他有一個邏輯：「如果工作有出錯的可能性，我就必須要做好，如果別人不做，我就必須做；如果工作沒有完成，我就必須做完。」

如果一個人內心有了「必須做完、做好」這樣的想法，就足以讓他不自由了。為了做完、做好，他會忽視自己的感受，不顧自己的情況，強迫自己去完成。

所以，事情多本身不會導致人的不自由，必須做完、做好的理性要求才會讓自己失去自由，對事情沒做完、沒做好的狀態難以忍受才會讓人失去自由。有人覺得應該要這樣才對啊，卻很少會深入去想：為什麼一定要呢？誰規定一定要這樣呢？

另一位同學對兒子玩手機很憤怒，他覺得兒子玩手機不認真讀書，他就要多花心思去操心他的學習成績，還要督促他寫作業，要叮嚀他在學校好好表現，還要擔心他的成績如果不好，以後會考不上好大學、沒辦法過好日子。但是，他又覺得自己總是操心兒子，就沒有時間去做自己想做的事情了，他就會變得很不自由。

那麼，在這個過程中，是什麼想法讓他失去自由了呢？

「如果你不管好自己，我就必須管你。如果你不擔心自己的未來，我就必須操心你的未來。如果你不好好讀書，我就必須為你的成績負責。」其實是「我必須管你」、「我必須對你的成績負責」、「我必須為你的未來負責」這些想法，讓這位媽媽替自己找煩惱，從而讓自己不自由了。

事情本身不會讓人不自由，「必須做」這些事的想法才會讓人不自由。

除了要求自己必須做什麼、要求自己不能做什麼也會讓人失去自由：明明想罵人，卻忍著不罵；明明不想忍耐，卻要求自己必須忍耐，人就會變得不自由。

◆ 平凡和普通如何讓你不自由

生活中，有很多人在努力工作賺錢，彷彿他們背負著億萬元的債務。當你邀請他們一起出遊、聚餐時，他們總是沒時間，當你問他們為什麼這麼拚命的時候，他們總會一臉無奈地告訴你：「沒辦法啊！我也不想這樣，但是總得去賺錢啊！」

這些努力的人什麼時候才能熬出頭呢？他們到底要賺多少錢呢？為什麼他們不肯停下奮鬥的腳步呢？努力是件好事，但努力就是必要的嗎？人有不努力的自由嗎？

一位同學說：「我在一家網路公司上班，上班制度是『996[1]』。我覺得自己忙得都快沒時間喘息了，每天早起晚睡，覺得自己實在是太辛苦了！」

我問他：「工作這麼累，那換個工作行不行？不工作行不行？」

他堅決地回答：「那怎麼行！沒工作了，怎麼吃飯養活自己？這家公司雖然忙，但是薪水還可以，我這麼年輕，正是賺錢的年齡，我可不能不上進啊！」

仔細一想，其實養不活自己只是一個虛幻的恐懼。不努力和不工作完全是兩回事，輕鬆工作最多平凡，不會導致養不活自己。這個同學真正如此拚命，其實是因為這幾個邏輯：

「如果我有時間，我必須得用來上進。」

「如果我現在平凡，我就必須努力。」

[1] 996：中國的工作制度，早上9點上班，晚上9點下班，每週工作6天。

「如果未來不夠安穩，我就必須以最快的速度賺錢。」

有很多焦慮的人就是如此，他們沒辦法忍受悠閒，一旦發現到了自己有閒置時間，就必須用力把自己填滿。有的人沒辦法忍受自己很平凡，一旦體驗到有平凡的可能性，就必須用努力來把自己填滿。還有的人在體驗到自己閒著的時候，便會用「偷懶」來評論自己，一旦他們發現自己還有多餘的精力，就會要求自己不能偷懶。

對這樣的人來說，累、壓力、焦慮、忙碌才是正常的狀態，如果沒有進入這樣的狀態，就必須努力、上進、加油。

◆別人的不開心如何讓你不自由

有同學說：「在親密關係中，我常常感覺到對方的負能量，跟對方在一起，我感覺好沉悶、好壓抑。我要如何在不太理想的親密關係中獲得輕鬆和自由呢？」

其實在親密關係中，對方有抱怨、委屈、傷心等負面情緒是常態。每當被負面情緒困擾的時候，有的人就會覺得壓力很大，這種情況在親子關係中也大量存在著，有的母親會在孩子哭泣的時候變得十分煩躁，會禁止孩子哭泣，不讓孩子委屈，更不能表現出脆弱。

別人的不開心，尤其是親近的人的不開心，會給一些人帶來特別大的心理壓力。實際上，我們思考一下，不開心是別人的事，為什麼這些人的不開心會讓自己有心理壓力呢？別人的不開心為什麼會影響到自己的呢？

當一個人對別人的不開心有恐懼的時候，他便喪失了安全感。當他有壓力感的時候，是因為他的一些內在邏輯讓他失去了自由：

「一旦對方對我失望，我就必須照顧他的心情。」

「如果對方不開心，我就要對他的不開心負責。」

「如果他的不開心是我造成的，我就要負責解決這個問題。」

然後他們的內在就開始產生矛盾了。在感受上，他們真的不想去管對方這些糟糕的情緒，況且自己的情緒也並不好，還要去負責另外一個人的，就會特別累。理性上來說，他們又覺得這樣做是對的，是自己的責任也是自己應該做的，尤其是當他們覺得這是自己造成的時候，就更無法逃脫這個邏輯的魔咒了，因為他們從小就知道「自己的錯自己承擔」這樣的道理，更會覺得應該去照顧好對方的情緒。

當你陷入不想照顧對方情緒，又覺得應該照顧對方情緒的兩難境地時，聰明的潛意識就想出了回避掉這個衝突的方式，你會去要求對方：「你不要有負面情緒、不要不開心了、不要委屈了、不要脆弱了。」這樣你既不用管對方，又不用做不願意的事。

可是，誰說別人一有不開心，你就一定要去管他呢？誰說因為你導致他不開心，你就要負責呢？負責是一種選擇，從來不是必須，即使是你讓對方不開心的，但是照顧別人的不開心是一種善良，不是義務。實際上，你也經常見到把自己的不開心「甩」給別人的行為，你會覺得這樣不好，可是誰規定不可以呢？

你會因為別人的不開心而感到壓抑，是因為你喪失了邊界感。你無法讓他們為自己的情緒負責，你便想替他們安撫他們的情緒，可是你的能力和意願又不夠，於是你會開始感到痛苦。

還有的人不喜歡社交，他們覺得社交很累，更喜歡自己獨處。其實，社交分為滋養型社交和消耗型社交，在滋養型社交裡，人的情緒是被照顧的，因此是被滋養著的；消耗型社交是他覺得自己必須照顧別人的感受、必須遷就別人，在這樣的消耗關係中，人就會體驗到社交的壓力。

在消耗型社交裡，人是不自由的。當你跟別人相處感到有壓力的時候，你要問問自己：

「我在要求自己必須照顧對方的感受嗎？」
「我在要求自己必須聽對方的嗎？」
「我在要求自己必須為對方的不開心負責嗎？」
「我在要求自己必須付出什麼嗎？」

◆逃避是如何讓你不自由的

逃避是一種虛假的自由，只是暫時性透過逃離充滿壓力的環境來實現短暫的輕鬆。逃避看起來似乎實現了輕鬆，其實內在的邏輯並沒有發生改變，一旦回到原本的環境，壓力又會席捲而來。

一、逃避社交

有的人不喜歡社交，更喜歡自己一個人，因為他們覺得社交會讓自己很累。他看似實現了不跟自己不喜歡的人待在一起的自由，實際上他真的享受一個人的時光嗎？當他一個人獨處的時候，他是真的感到喜悅，還是其實不喜歡這份孤獨？如果他不喜歡這份孤獨，他為什麼要排斥和他人在一起呢？

在滋養型社交裡，人是被滋養的、是滿足的，人因為無法忍受寂寞和渴望與他人產生聯繫而去社交，在社交的過程中與他人互動，收穫了關心和支持，他便會感到快樂，就會喜歡上社交。

消耗型社交是他覺得自己必須先照顧別人的感受、必須先遷就別人，在關係裡，他預設了自己是一位付出者，他不敢安心享受他人的給予，總是在擔心別人會不會嫌棄他的缺點，總是在注意自己要給對方留下好印象。

在這樣的關係中，他會體驗到社交的壓力，他會覺得很累、會消耗自己。當發覺收穫的肯定與自己付出的精力不成正比時，他就會放棄與人社交來避免自己的精力耗損，他就會討厭社交、回避人群。

通常，回避社交的人喪失自由的邏輯是：

「當別人有不開心的可能，我必須先去照顧他人的感受。」

「當他人在我面前時，我就必須表現出好的一面。」

在這兩個邏輯的加持下，人在社交中就體驗到不自由，就會想逃避。他會用「我不跟不喜歡的人待在一起」、「我不去參加我不喜歡的場合」來讓自己確信可以對自己的喜好保有選擇權。表面上來看，他確實沒有去做自己不喜歡的事，他很自由；實際上，他的內在還是被規則束縛著，還是不自由的。

當你感受到孤獨，而其實你並不享受這份孤獨時，你所謂的自由就不是真的自由，而是一份虛假的自由，只是你逃避關係的一種方式。你之所以逃避關係，是因為你依舊被自己的「必須」所限制著。

二、逃避親密

不僅僅是遠離人群，離開親密關係也是如此。

有的人在親密關係中受挫，會因為承受不了壓力而選擇分手、離婚。

有的人會抱怨對方「總是情緒低落、情緒化」，實際上抱怨的人內在邏輯可能是：「如果他情緒低落，我就必須為他的情緒負責。」

有的人會抱怨對方「非常懶惰，不喜歡做家事」，實際上抱怨的人內在邏輯可能是：「如果他不做家事，就必須由我來做。」

這些內在邏輯會讓一個人在親密關係中無法忍受對方的低落情緒、懶惰等狀態，然後就會為了逃避這份感受而選擇離開。他看似實現了離開的自由，其實他內在自設的限制性規則才是讓他不自由的根本，是他逼自己付出、逼自己必須做什麼的邏輯讓他失去了真正的自由。就算他離開了這個人、這段關係，等他再換一個人相處，他依然會對這種壓力感到不耐煩，他仍然會繼續糾結或離開，他依然得不到真正的自由。

三、逃避工作

工作也是如此，有的人會因為壓力大，不喜歡某個老闆、同事而離職。表面上，他們只是想逃避某個令他們不舒服的人，可是內在的邏輯依然可能是：

「當別人有要求，我就不能拒絕。」

「當工作沒做好，我就必須做好。」

「這件事安排給我，我就必須負責。」

實際上，他們都是因為無法做出維護自我的選擇，所以選擇了逃離環境。雖然暫時擺脫了充滿壓力的環境，但他們內心的邏輯並沒有改變。他們只是形式上逃離了壓力，內心依然無法獲得真正的自由，再進入下一份工作和關係的時候，因為這種模式還在，舊的壓力就會重演。

我並不是說逃離是不可以的，而是當你想逃離一段關係或工作的時候，你可以先問問自己：你是為什麼而想要離開？是因為你想追求新的呢，還是因為你無法忍耐舊的，想要透過離開解決呢？

因為有所追求而選擇離開，你的世界會越來越寬廣，因為你正活在積極生活的路途上；因為逃避而選擇離開，你可以暫時擺脫壓力，卻很難在關係中去思考自己內在模式的真相。

每次感到不舒服時，不要著急逃離，而是要先去思考：「我在強迫自己想出面對的方式嗎？」當然，你也不是非要留下來。你需要釐清你內在的邏輯，你可以因為一些現實原因而離開，沒有必要因為無法忍受自己的邏輯而離開。

小隱隱於野，大隱隱於市。真正內心自由的人從來不需要到荒郊野外，而是在紅塵之中依然可以保持內心自由。

03 不自由的本質

◆失去自由的內在邏輯

失去自由的邏輯就是：「如果發生了A，我就完全不能B。」

當我們應對外在情境A的時候，其實內心是有喜好判斷的，並伴隨著一個想如何如何的衝動。看到天氣很藍，就想出去玩；昨晚沒睡好，今早就不想起床，我們想根據這些衝動而活，奈何理性不允許。理性給了自己另外一個限制：「必須做B，或者完全不能做B」，此時，我們內心就失去了自由。比如說：

「如果別人不開心，我就必須照顧他。」

「如果我的伴侶不同意，我就不能去做。」

「如果我不夠優秀，我就必須努力。」

「如果我有閒著的時間，我就必須用來做事情。」

「如果別人需要我，我就必須滿足他。」

當你的內心有了這個邏輯，你就被捆綁住了。一旦發生A，你就沒有選擇C、D、E、F的自由，只能選擇B，這就是一種限制性的信念。限制的意思就是強迫、被迫、不自由，換句話說，自由是開放性的，是有多重可能性、創造性的，而被迫卻是單一、封閉、指令式的。想找到你內心缺乏自由的邏輯，你需要以下兩個方法：

1. 觀察你內心的活動：你要找到你內心「必須」、「應該」、「只能」、「一定」相關的詞語，把它寫出來，看看這些用詞是否是讓你感到愉悅的，然後改寫成「如果A，我就必須B」的邏輯。

2. 當你有任何不愉悅感受的時候，觀察你的期待：理想狀態下，事情怎麼發展你會滿意呢？你有沒有讓這件事變得更滿意的方法呢？如果你沒有讓自己走向愉悅狀態，是什麼阻礙了你？然後找到「如果A，我就完全不能B」的邏輯。

一位同學對自己「不能全身心投入工作」特別自責，於是找我諮詢。自責是最容易判斷出來的自由匱乏的原因，因為自責的直觀語言就是「我應該做××，我卻沒做到，我很自責」，所以他的自我要求就是：我應該全身心投入工作。

那發生的A是什麼呢？就是他發現自己三心二意了，那麼他自由匱乏的邏輯就是「如果我工作中三心二意，我就應該全身心投入」，或者「當我工作的時候，我就應該全身心投入」。

我又接著問：「為什麼要全身心投入呢？」

他說：「因為同樣時間裡，全身心投入的同事做出來的成績比我好很多。」比同事做出來的成績好很多固然讓人愉悅，但這不是自責的理由。當一個人體驗到了自責，他對於這個結果就是執著的。因此，他還有一個自由匱乏的邏輯就是：如果我和同事一起工作，我做出來的成果就必須比同事多。

◆自我強迫導致了人內心的不自由

遵循這個邏輯的過程就是自我強迫。讓一個人失去自由的是他在強迫自己，也就是說，當你的大腦有了「必須」、「應該」、「只能」的想法時，其實你已經不自由了。

你的感受在告訴你想這樣，你的頭腦卻告訴你應該那樣，這時候你就被自己的大腦綁架了。你總覺得是外在的某種東西讓你不自由，實際上真正讓你不自由的是來自大腦的自我強迫，而自我強迫就是身腦分離的本源。

自我強迫有兩層含義——「我不想做，但是我必須做」和「我想做，但是我不能做」，你可以感受一下這兩句話對你來說有什麼不一樣的感受：

「我必須做……」

「我想做……」

前者會讓你感到某種壓迫感，因為它是一種命令，你必須執行，沒有別的路，只能硬著頭皮往前走；後者會讓人感覺到充實、愉悅、希望，對生活充滿了美好感受，因為是人在自主選擇。

當一個人說「必須」的時候，其實是他內心並不想，才有了「必須」，人一旦基於「必須」而去做事，人只會越做越累，內耗嚴重。

如果你違背了自己的心聲去做事，本質上就是跟自己過不去，是自己找自己麻煩，自己在替自己施加壓力，你的感受就是壓抑、抗拒、煩躁、消耗的。而基於內心自由做事，你的感受是愉悅、有創造力的，是舒暢、輕鬆、非常有存在感的。

所以，我建議你先去尋找內心的自由，再去生活，而實現內心自由的方式就是最大化地尊重自己內心的感受，最小化、理性地去強迫自己。

前面說過，實現自由有兩條路，理性遵從感受或是感受遵從理性，相較之下，第一條路會更好走。

感受是一種本能的反應，是較難決定和改變的。你喜歡做這件事，在那一瞬間，喜歡就是喜歡，不喜歡就是不喜歡，其實是很明確的，因為這是一種很自然的感受。

感受不受意志的支配，就像你吃某樣東西，好吃或不好吃，想不想繼續吃，你很難去欺騙自己。因此，想要實現身腦一致，其實最好的方式就是尊重你的感受，讓你的理性可以順從你的感受。但是，你的理性往往太強大了，你的感受就極易被理性所淹沒。

◆我的感受並不重要

一個人之所以難以識別自己的感受，是因為他在進行情感隔離。他無法理解自己的感受，並且覺得自己的感受不重要，他在忽視自己的感受。

如果你去問一個人：「你想怎樣？你真正想做的是什麼？你的感受是什麼？」他未必能回答出來。或許你會說：「怎麼可能呢？人怎麼會連自己的想法都不知道呢？」

然而這的確是事實。

想法不同於感受，你可能會覺得，「我在主管面前確實想好好表現啊」、「孩子確實要管」、「他不開心，我應該要哄呀」這就是我想要做的。

實際上，在那一刻，在主管面前表現這件事真的讓你感到愉悅嗎？在照顧孩子的時候你有好好享受嗎？你喜歡在伴侶不開心的時候去哄他嗎？

其實，在很多時刻，你大腦中「應該」做的事情和準則已經遍布你生活的各個角落，把你的生活圍得密不透風，你已經太習慣用規則去思考，你的感受早就被你拋棄到九霄雲外了。甚至於，當你去想自己真正想要什麼的時候，你會突然大腦空白。你感受不到你的感受，你已經好久都沒聆聽自己的感受了，你已經習慣了與自己的感受疏離，以至於疏離得太久，自己已然變得麻木了；你的大腦侵佔了你的身體，讓你變成了它的奴隸。

一個人能放棄自己的感受，聽從大腦的指揮這麼多年，只能說明他覺得「我的感受不重要，它不值得我去花精力捍衛」。一個人之所以總是在自我強迫，是因為他內心深處覺得自己的感受就是不重要的，他是不值得被照顧的。

當別人強迫、要求、控制你的時候，你為什麼會輕易妥協呢？就是因為你內心深處覺得：

「對方的心情如何，比我的感受更重要。」

「對方的願望是否實現，比我的感受更重要。」

「對方的利益是否損失，比我的感受更重要。」

「他人的種種都比我的感受更加重要，我只能先照顧好他人，才能照顧自己的感受。」

可是，讓他人永遠開心和滿意比政論節目有大結局還難，你哪裡還會有空間照顧自己的感受呢？

比如說，為什麼事情一大堆的時候，你要強迫自己繼續去做呢？很多人在工作時會熬夜加班，不管怎麼樣也得先把工作做完；很多人做家事的時候也一再強迫自己做好，他們覺得這就是負責任、這就是應該做的，其實這些人的內在邏輯是：

「工作比我的感受更重要。」

「家務比我的感受更重要。」

「事情比我的感受更重要。」

「我必須優先顧及事情，我的感受要往後排。」

可是這些事情又做不完，所以自己的感受就沒有被顧及的機會了。久而久之，為什麼還要記得自己有感受呢？長期無法顧及的就應該消失。

其實，你覺得他人、事情比自己的感受更重要也沒問題，你可以有這樣的選擇，既然如此，那你就大大方方地為自己的選擇負責。有很多人的工作就是要照顧好別人的感受，做好很多工作就是比自己的感受更重要，這都沒問題，問題是偏偏你的內在又在掙扎。

當你覺得：「我不想放棄自己，我不想犧牲自己」的時候，你的內心就會有衝突，會有一個聲音在告訴自己，必須滿足別人和事情，代價就是犧牲自己；另一個聲音就是想照顧自己，代價就是犧牲別人和事情。

你選擇了前者卻又不甘心，你便失去了自由。你做了這樣的選擇，只說明了一個問題：在你的內心深處，你覺得自己是不重要的，自己的需求是不值得被滿足的。

我經常收到這樣的提問：「到底應不應該這樣做呢？這樣到底是不是正確的呢？我到底該不該照顧別人的感受呢？我可不可以任性呢？」對於問這種問題的同學，通常我都會先去反問：「你想不想呢？」

當一個人問應不應該、可不可以的時候，他就是不自由的；會去問自己想不想的人，才是自由的。

有很多事是不應該的，你覺得自己承擔不了後果而不想，那麼你也是自由的。比如說法律，你覺得自己「不應該違法」就是不自由的體驗，而「因為害怕被懲罰而不想違法」就是自由的體驗了。

如果你在強迫自己照顧誰或者強迫自己做某件事時，你可以問問自己：「照顧好自己真的不重要嗎?照顧好自己內心真實的聲音真的不重要嗎?我真的不配有自己的需求嗎？」

◆為了安全感

那麼，人為什麼要如此忽視自己內心真實的感受，去選擇自我強迫呢？因為放棄自由的目的是為了獲得安全感。如果不是為了能夠安穩地活下來，誰願意委屈自己呢?想要獲得自由，你得付出代價，這個代價就是要犧牲一部分安全感。

自由是一個更高的追求，要在自己足夠安全的前提下才有精力去追求。當你不覺得自己身處的環境是危機四伏的，你的心才是輕鬆的，才能真正去想自己想要做什麼，才有勇氣去做。如果你在這件事的安全感不足，那麼你就承擔不了這個代價，就沒有能力去享受自由。

為什麼有些人要強迫自己不跟別人發生衝突呢？為什麼非得要先去照顧別人的感受呢？誰不想想幹嘛就幹嘛，任性而為呢？但是他會害怕，因為在他的聯想中，一旦跟別人發生衝突，他覺得別人會懲罰他、指責他、離開他、拋棄他，所以他必須先照顧好別人的感受，以別人開心為主，相比自己是否跟著自己的心做事，他更怕對方的嫌棄與離開。此時，他的內心是脆弱的，無法一個人面對這個複雜又危險的世界，他需要一個依靠，所以他必須放棄自由來留住他人。

為什麼有些人一定要強迫自己做一份不喜歡的工作呢？為什麼不能拒絕不喜歡的工作內容呢？因為在他的想像裡，一旦離開這份工作，他就會失業，就會變成窮光蛋，會連一個饅頭都吃不起，畢竟不喜歡事小，餓死事大呀！這個人被未來一個人不能生存的恐懼所嚇到了，所以為了生存，他只能去做自己不喜歡的事了。

你可能會說，這份工作沒了，可以找下一份工作，怎麼可能會餓死街頭呢？是的，儘管你覺得他很誇張，但是在他的想像裡，事情就是可以這樣發生的。這只能說明，他心裡的害怕是多麼強烈，他對於生存的恐懼早已蒙蔽了他的雙眼，讓他看不見他在現實生活中其實是有很強的生存技能的。

為什麼有人要強迫自己留在一段不喜歡的婚姻裡，跟一個不喜歡的人繼續糾纏呢？因為在他的想像裡，一旦他離開這個糟糕的人，他就會連這個糟糕的人都失去了，就會真的變成一個無依無靠的人、一個沒人要的人，這真是太可憐了，而這份可憐是他無法承受的。即使跟一個人糾纏，即使要活在痛苦裡，他也感覺得到自己是存在、是活著的，但是偌大的世界裡，如果沒有人陪伴，那種孤獨的恐懼會讓他無法呼吸，所以在生存與痛苦兩個選項裡，他選擇了痛苦。

在他們的想像裡，不敢選擇自由是因為害怕、安全感太弱，付不起自由的代價。他們會變得很消極，陷入一種深深的無力感之中：「反正我想不想也沒有用，自己說了也不算，我沒人管也沒人在乎，我還想它幹嘛？甚至當我有了自己的想法，還有可能會被懲罰，那我幹嘛還要有自己的想法呢？我幹嘛要替自己找麻煩呢？」

所以為了安全感，人就不能去做自己想做的事情了，因為「我太脆弱了，我需要先保護自己，我得先保證自己是安全、是能存活的，什麼自由、不自由我不管，我不配，我也負擔不起這個代價。」時間久了，一個人的內在邏輯就只剩下「應不應該」，沒有「想不想」了。

04 自由是安全感被滿足後的結果

當一個人內心感到安全，確定自己沒有面臨危險，或者此時的他應對外界的困難有了一定的自信，不再擔心自己生存的危機時，他便有了追求自由的衝動。他會開始產生疑問：「我是誰？我可以做什麼？我可以做自己想做的事嗎？我可以跟隨自己的感覺走嗎？我可以任性嗎？任性是愉悅的，我可以擁有這種愉悅嗎？」

在這個世界上，每個生命都是有自己的節奏的，就好比把一顆小小的種子丟在土壤裡，在滿足了陽光、水分、溫度等生長條件下，它必然會發芽，也必然會慢慢地長成一棵大樹。

同樣地，人更是有追求的生物，在滿足了自己的生存條件之後，就會很自然地開始有自己的想法，想要透過順從自己的想法去探尋自己的意志，透過做自己想做的事去尋找自我，去定義自己是誰。

這個時候，他就會慢慢變成一個獨立自主的人，並且能為自己的行為負責。他知道自己是誰，他有自己的想法，知道自己想要幹什麼，這就好比一個生在和平年代的人，他吃飽喝足後有了精神便有了行動力，總想去做一些特別的事情來讓自己的人生更不一樣。

◆婚前的甜蜜，婚後的爭吵

有人說，「婚姻是愛情的墳墓」，這句話的意思是，談戀愛的時候會很甜蜜，但結婚後的柴米油鹽會讓兩個人產生更多爭吵，好像愛情沒了一樣。

實際上，婚姻比戀愛的捆綁性更強。談戀愛的時候，你會感覺到自己的安全感被滿足：「他好優秀，他好厲害，他能保護我、照顧我，他對我溫柔，對我好。我覺得有了他，生活就有了支撐。」戀愛的美好就在於，覺得有了對方就特別有安全感。

婚姻給了這個保障一個認證，此時兩個人的安全感都被滿足了，在婚姻裡會安心下來，不再覺得孤單或恐懼，感覺更安全的那個人就會有自由的需求。這種需求就是：「你能不能不要一直管我，我也是需要空間，也是需要社交的，我需要根據自己的感覺去做我喜歡的事。」這時候，自由匱乏的邏輯就是：「如果你管我，我就必須聽你的，不能去做這些、做那些事情。」

「你能不能配合我帶小孩？我需要你這麼做，不要你做那些事情，你要聽我的，按照我認為是正確的事情去做！你做了這些，我就有時間去做我想做的事，我就能獲得自由了。你陪我去做我想做的事，我也能獲得自由。」這時候，自由匱乏的邏輯就是：「如果你不配合我帶小孩，我就只能自己帶小孩。」

無論你是在要求對方不要管你還是在要求對方配合你做某事，都是希望對方能成全你追隨自己感覺的自由，所以當你和伴侶吵架時，除了看到你們的差異並感覺到絕望之外，你還能看到你們已經擁有的部分：此刻，在關係裡，你已經很有安全感了。

這種安全感也許是對方給你的，讓你相信他不會離開你；也許是自己給自己的，你知道即使一個人也可以很好地活下去。因此，戀愛中安全感被滿足時是甜蜜的，婚後自由被剝奪是充滿爭吵的。

◆發脾氣時的自由

有很多人會責備自己的情緒，覺得發脾氣是件不好的事情。

實際上，一個人敢於憤怒，這是一種情緒自由的表現。憤怒的作用是什麼呢？憤怒就是一個人在維護自己的界限，爭取自己的利益，解放自己的雙手。憤怒是在說：「我想跟著自己的感覺走，讓內心獲得真正的自由。」

自由是安全感得到滿足之後才有的追求，一個人首先得相信，「關係」對他來說是安全的，他才敢自由地表達情緒。有很多人因為自己控制不住情緒而懊惱不已，實際上這並非控制不住情緒，而是在安全感建立之後，一旦開始追求自由的感覺，就不會刻意去控制自己的情緒而已。

假設剝奪你的安全感，比如你發脾氣的當下，同時也發生了地震，或者突然有人用槍指著你，你還會控制不住你的情緒嗎？或者你知道自己一發脾氣，你愛的人就會永遠離開你，你還會控制不住情緒嗎？就像你在讀小學的時候，和另外一個小朋友吵架，越吵越激動，這時候，班導師突然進來了，你們兩個就會瞬間變得非常安靜，情緒就可以在剎那間被終止。

有的媽媽會對孩子發脾氣，那一刻，他相信孩子可以承受自己的情緒；有的老闆會對員工發火，那一刻，他相信員工不會離開，或相信自己可以找到同等優秀的人，雖然不知道這些自信是哪裡來的——一般都是從經驗裡來的，但他們的確是先有了這種自信，才有了發火的勇氣。

發火是一種勇氣，是相信不會失去或不怕失去的勇氣，所以當你控制不住自己情緒的時候，你可以看到自己已經擁有的部分：「此刻，我有安全感了。此刻，我想去追求一點自由。」不要覺得自己失控了很不好，多數失控都可以歸結為你不想控制，而那正是你對於自由的渴望化作的一道光。

然而，有的人發完脾氣後會自責，覺得不應該這樣。此刻的他們又不自由了，他們的邏輯就是：「如果我發脾氣，就代表我脾氣不好，我必須改」。因為發火這件事又再次激發了他們的不安全感，讓他們覺得發火會帶來這些後果，使用的邏輯就是：「如果我發火，就會……」

◆糾結即自由

有的人總是很灑脫，當他不喜歡某個工作時，就會開始考慮辭職、考慮換工作。我覺得，人有思考變動的心是一件好事，變動就意味著更多可能，人生也會更加豐富，但是當一個人在糾結要不要辭職的時候，說明這時候的他已經有了「我一定能去找一份新工作」、「我之後一定能賺到錢」的安全感，他才會開始思考去找一份他真正想做、能夠讓他更自由的工作。

即使沒有「一定能」，他們也在某個層面覺得自己可以了。對於那些在工作中沒有安全感的人，他們根本就不會想要去尋找自由，因為他們沒有這個勇氣，甚至有的人在安全感沒被滿足的工作中，連請假的勇氣都沒有，生怕一請假就會失去工作。

那些家裡有老人、小孩要照顧扶養的中年人，背負著車貸、房貸，被生活的壓力壓得喘不過氣，一份穩定的工作對他們來說是相當重要的，這些人在工作中相對的會更缺乏安全感，也就會喪失很多行動的自由。

在工作中受了委屈，往往會為了維護工作的穩定而選擇忍耐，假日也不敢出遠門旅遊，煩瑣的事務和金錢的匱乏感都會限制住他們的自由。當你開始糾結要不要換工作的時候，你的內心已經獲得了一大部分的安全感來支撐你去追求自由的那個部分。

所有的糾結都是如此——有了選項，才有了糾結，而有兩個以上選項可以讓你有所選擇的時候，不正是因為你獲得了自由選擇人生的權利嗎？

◆情緒是自由的推動力

真正的不自由是不會感受到內心衝突的，這麼說不代表他沒有內在衝突，而是他的衝突都是在潛意識層面，不會被發現。他會堅定地做他認為應該做的事，甚至不會覺得委屈，更不會有糾結。

有的人超我太嚴重，身體根本跟不上理性的要求，最終寧願選擇自殺也不願意放棄超我的要求。有的人抑鬱、絕望到自殺，是因為他們做不到「應該」的樣子，卻依然不願意放棄這個標準。

當一個人開始用無意識的方式反抗超我的時候，他就已經開始尋找自由之路了，接著當一個人內心感受到自己有衝突的時候，這說明他已經有了一定的安全感，自由的種子已經開始萌芽，只不過他不太確定，這時候，情緒就會賦予他們推動力。

情緒是突破理性的一個工具，你的內心有一些讓你愉悅的衝動無法表達，你的理性告訴你那是不對的、不可以的，這個時候你的情緒就會給你力量，幫你表達。假設你想要挖一座山、刨一塊地，可是你嬌嫩的雙手和明智的大腦沒辦法讓你單純用雙手去做，這時候該怎麼辦呢？

我們可以使用工具啊。有了工具，你就可以提升自己的行動力；有了情緒，你就可以推進自己的願望。當你有了失控感，開始自責、憤怒、糾結的時候，你可以先給自己一個肯定：「我的安全感已經部分被滿足了，我想追求一點自由。」

那麼，這就是一個機會——你發現了自己渴望自由。

那麼，你願意給自己更多的自由嗎？

05 健康的自由感

◆自由感過度

「孩子要管嗎？」這是很多媽媽都會疑惑的問題。到底應該怎麼管教？要管教到什麼程度？如果不管，他沒辦法好好成長，怎麼辦？如果管教過度導致心理陰影，怎麼辦？「我可以任性嗎？可以任性到什麼程度才不算自私？任性到什麼程度是合適的？」在關係中，很多人也會有這樣的疑惑。

在孩子的成長過程中，教育是必須的，也必然會剝奪他一部分的自由。如果孩子的自由度太高，他就會把嬰兒時期原始的全能自戀保留下來，變得太以自我為中心，這樣很容易失去關係，也容易因為犯錯導致被懲罰。

太任性的人往往自由感過強，這樣的人會變得很難適應這個社會，終究也會被社會所傷害。比如說，當你和朋友一起聚餐時，每次你都遵從你內心的感受不想買單，每次都理所當然地要求朋友買單，那麼你很有可能會留給朋友一種小氣、自私的印象，如果這種事情多次發生，就會導致你失去一部分關係。

當你在工作中感到不順心時，選擇甩手不做，或者推給別人做、潦草地完成，對結果也不負責任，那麼久而久之你勢必會讓主管不滿意，而且還有失去工作的風險。如果做每份工作都這樣，那麼你就很難在職場上獲得好成績。

一個人被社會化的過程就是不得不接受這個世界上有很多必須遵守規則的過程，遵守你不想遵守的那些規則會喪失一部分自由，這是一件很無奈的事，又是一件必須的事。

◆自由感不足

如果一個人感到自由度過低，就會變得疲憊、壓抑、麻木、失去創造力，活在糾結和痛苦中。有的人表現得規則性特別強，實際上是因為小時候被懲罰的經驗過多，他早已經習慣按照規則去生活。

比如說，當你和朋友一起去聚餐，你每次都搶著買單，覺得自己就應該為朋友買單。如果你非常有錢，而且非常喜歡請客，那也沒什麼，這就會變成你的一種娛樂，是一件讓自己開心的事。可是其實你沒有那麼富裕，但又覺得與朋友相處就必須大方，不應該在乎錢，必須給朋友製造好印象，那麼這種認知就會變成一種強迫，時間久了，你心中就會累積不滿，你與朋友的關係反而會變成對自己的消耗。

當你在工作中感到不順心、不如意時，你對這些感受置之不理，覺得工作就是應該受苦受累、忍辱負重，遭到不公平待遇也不敢發聲，為了討好主管就極力往自己身上攬任務和責任。那麼，你的工作勢必會讓你感到疲憊和壓抑，長期下來，這種付出感會讓你憤怒，甚至會損傷你的身心。一旦爆發，還有可能會損壞你長久經營的利益。

內心自由感太強，會破壞社會規則；內心自由感太弱，則會過得比較累。

◆健康的自由感

由上述可見，自由度太高和太低都不太好，都會有麻煩產生。

所謂健康的自由感，是在社會允許的範圍內最大化地做自己，在喪失關係、利益與自己的愉悅享受之間找到一種能接受的平衡。孔子對此的描述就是：「隨心所欲，不逾矩。」也就是隨心所欲地做自己，但不會逾越規矩。

重點其實是「規矩」二字，你需要具備一些現實檢驗能力，去判斷規矩到底在哪裡。比如說上班遲到，你需要真實地檢驗上司和公司能允許的遲到範圍在哪裡，而不是一味地認為遲到零容忍。比如說人際關係，你需要檢驗對方的界限在哪裡，而不是一味地認為對方很苛刻。

06 獲得內心自由的方法

愛自己的方式之一就是多給自己一些輕鬆自由。長期生活在自我強迫中，人就會變得壓抑、麻木、失去活力。生命本來是用來綻放的，不是用來耗竭的，當你的生活有了枯萎的跡象，你要及時做出調整，讓自己活得舒適，記得多給自己一些自由，就是一種特別有效的方式。

◆替自己解鎖，尋找更多可能性

打破「必須」的方式就是找到更多可能性，去發現可以怎樣、還可以怎樣。

一位同學的困惑是：「我在上司面前感覺很不自由，哪怕是在電梯裡遇到，我也會覺得很拘謹、很害怕。要怎麼做才能和上司相處融洽呢？」

看到上司就害怕，是因為這位同學想要在上司面前表現得好一些，給上司留下好印象，好讓上司喜歡自己。如果他沒有這個需求，那麼他就沒有必要在乎在上司面前的形象了，他就自由了。

他之所以不自由，是因為他的大腦中裝著一個「如果A，則必須B」的限制性邏輯：「在上司面前，我必須表現良好」。那我們就來思考一下，在上司面前，除了表現良好，還可以有哪些表現呢？

「我可以讓上司發現我的不好。」

「我可以讓上司發現他的不好。」

「我可以讓上司知道別人的不好。」

「我可以關心上司的生活。」

「我可以聊一點公司的日常八卦。」

「我可以談談我最近的困惑。」

「我可以問問上司吃午餐了嗎，吃了什麼。」

「我可以把工作以外的上司當朋友。」

「我可以跟他說一個笑話。」

「我可以對他唱一首現在最流行的歌。」

「我可以什麼都不說。」

你可以嘗試天馬行空地思考一下，當你在電梯裡遇見上司時，會有哪些可能性呢？有哪些是必須做的，哪些又是絕對不能做的呢？為什麼必須去做呢？必須的程度是多少呢？

在電梯裡遇到上司看起來是件小事，但是如果你把這件小事寫下來，當作一個自由度的練習，你的思維禁錮就會慢慢被打開。其實人生有很多可能性，只不過你習慣性地認為就應該這樣、那樣，從未想過其實你可以不這樣、不那樣。

再舉個例子，你的伴侶不開心了，你覺得很壓抑。這時候你有個「如果對方不開心，我就要對他的不開心負責」的邏輯，你可以思考一下，當你的伴侶不開心時，你可以做的事情有哪些呢？試著寫下十種。

當然，在這個過程中，最重要的其實是意識到你在執行「如果A，則必須B」的邏輯，而意識到的方式就是從你不舒服的感受裡去發現，因為每個負面情緒裡都有多個「必須」。

◆識別想法，懂得堅持

要想獲得自由，就要發展出擺脫規則的束縛、堅持自己的能力，讓自己成為自己生命的主人。

首先，你需要識別並能夠堅持自己的想法。

你需要去感受自己的內心、感受自己的感受，並與自己的內在連結。你的內心會告訴你你想做什麼、不想做什麼；你的感覺會告訴你，哪些是你真正想要的，哪些是你不想要的，其實你的心是知道答案的。

可是當一個人與自己的內在失聯太久，就不太容易捕捉到自己的感受了。這時，還有一個判斷標準：此刻正在做的事，你是想繼續呢，還是想停止？你是舒服的，還是不舒服的？

這個聲音可能很微弱，因為你習慣忽視自己的聲音，但是只要去聽，你肯定能聽到。聽到之後，你要注重自己的想法，不要讓它溜走；去體會自己的感受、感受自己的感受，給自己的感受一個存在的空間，並且告訴自己：「我的感受是真實的，我的感受很重要，我值得為我的感受花費精力。」

比如你原先計劃下班早點回家看比賽直播，你的同事卻邀請你參加小組聚餐。你聽到這個邀請之後的第一個反應是「不想去」，但是這個感受瞬間就被你大腦中的想法給淹沒了：「不能不合群。」所以你就想：「確實不應該特立獨行。與大家在私下多一些互動也挺好的，畢竟在和諧的辦公氣氛中，工作也是自己想要的，所以我應該去，我也願意去。」可是當你聚餐的時候，你心裡總是掛念著比賽，比賽開始了、比賽進行到哪個階段了、沒能看到直播真是太遺憾了……這時候的你已經失去自由了。

你要做的就是，當這類事件再次發生時，當你內心有一個「我不想」的念頭滑過時，不要讓它溜走。把這個想法當一回事，多給它幾分重視，去評估一下自己不想去的念頭有多強烈，以及你認為必須去的聚餐有多麼重要，然後再做決定。

給自己的感受一個露面的機會，把自己的感受放在與規則同等重要的位置上，這就是給了自己公平，就是在為自己負責。

◆學會拒絕

堅持自己的想法有時候代表著拒絕，當自己的想法與他人的要求是對立、不一致的時候，想要堅持自己的想法，就要拒絕他人的要求。學會拒絕是人獲得自由相當重要的一個途徑，自己想做的事堅持去做，不管別人怎麼說；不想做的事可以不去做，也不管別人怎麼說。

有人說：「工作上有很多事情是必須做的，根本拒絕不了。」其實，根本沒有拒絕不了的事情，只有承擔不起的代價。比如說，你不喜歡你接到的任務，主管交辦給你必須完成，你表達了不滿還是沒有得到解決，那麼你可以提出調職、提出離職，這些都是你在堅持自己的表現，只是看你願不願意而已。

所以，還有你拒絕不了的工作嗎？沒有。如果你覺得拒絕不了，那是因為這樣做會干擾到你的安全感，因為你的安全感受到了威脅，你害怕承擔拒絕的後果，那麼這時候你就要回到安全感上來解決你的問題了。

你完全可以為了安全感而繼續做這個工作，但你要知道的是，這一刻是你選擇了留下，而非不得不做。

有一位媽媽抱怨道：「孩子總是在玩手機，我就得管教他。但是，老是擔心他玩樂過度也會影響到我自己的時間，讓我感到很不自由。」這時候，你除了照常去執行「我必須管他」的規則之外，還可以選擇尊重自己的感受：「現在，我不想管孩子。」

這個時候就任由孩子去玩吧，你可以重視並堅持自己的感受，去做自己的事情。當然你還可以直接選擇讓孩子玩手機，你甚至可以把手機直接搶過來，強行制止，義正詞嚴地禁止他玩。可是，你又會覺得這樣做很難，因為你的安全感與之相連，讓你覺得如果你不管孩子，孩子的視力會受到損害；如果你強行禁止他玩手機，你就會對孩子造成傷害，這種聯想會引發你巨大的不安全感，從而阻礙你獲得自由。這時候，你就要回到安全感層面去檢驗一下：「這是真的嗎？真的會發生這件事情嗎？只要我這樣做一次，糟糕的後果就一定會發生嗎？」

◆找到選擇的理由，並爲選擇負責

拒絕和堅持對有的人來說依然很困難，有些事情看起來也的確是不得不為之的。不過，這也沒關係，我們還有第二個終極方法來獲得自由：找出你這麼做的原因，把自我強迫變成主動選擇。

在自我強迫裡的邏輯是「如果發生A，我就必須B」，你可以調整為「如果發生A，我為了得到C，所以選擇了B」，前者是被強迫的邏輯，是不能為自己負責的表現；而後者則體現了一個人的能動性，是為自己負責的表現。

比如說，你為什麼不義正詞嚴地禁止孩子玩手機呢？找出你做這個選擇的原因：「我是為了不傷害孩子的感受」、「我是為了維持自己是一個好媽媽的形象」，所以，你選擇了不用發脾氣的方式去管教他。

你為什麼非得要做那麼多的家事呢？是為了這個家嗎？這個家需要這麼整潔嗎？你會發現，你是為了自己內心的秩序感才把家裡打掃得非常乾淨，所以你可以把你的想法變成「我為了維護自己內心的秩序感，選擇了強迫自己做家務」，這時候你會有什麼不同的體驗呢？

這個世界上從來沒有絕對的強迫，只有為了某個更想要的東西而選擇了主動妥協。我們經常有不能得到的東西，所以才有了「魚和熊掌不可兼得，捨魚而取熊掌者也」；「世間安得雙全法，不負如來不負卿」的名句。

當你放棄當下的愉悅，其實是為了得到更想要、在未來更能讓你愉悅的東西，這只是你自己做出的選擇，而非必須。

當你釐清了這個邏輯，你就是輕鬆的；當你是自願、不糾結的，你就不是在自我消耗的，你就是自由的。

07 原生家庭及育兒中的自由感

一個人為什麼要去強迫自己呢？因為他太理性了。那麼，人的理性為什麼會這麼強大呢？其實還是因為害怕，因為害怕而去尋求安全感，為了尋求安全感而去認同或發展出很多限制性的規則，就會讓人變得越來越理性，而這種害怕的感覺大多來自自己成長的經驗，特別是在原生家庭裡成長過程中的經驗。

◆自由感形成的關鍵期

嬰兒從一歲半開始，自我就有較為清晰的認知了，他想要自己決定自己，比如他想自己控制自己的大小便，想要從選擇什麼時候大小便和在什麼地方大小便中來掌握自主的快感，他為能靈活地控制自己的行為而感到驕傲。然而，孩子的父母卻不會去理解這種愉悅感，反而會給予他一些限定，例如你應該去哪裡大小便、應該在何時大小便，嬰兒沒辦法，只能開始慢慢地被迫接受大人的規則，大小便只能去廁所，而且睡覺前必須去一趟廁所。

這個過程被佛洛伊德稱為肛欲期，對大小便的控制是嬰兒自主體驗的重要來源。然而自主體驗的剝奪不僅來自父母對大小便的控制，更是源自父母透過嘴、手、思想、語言、情緒等多方面的控制，例如：

「東西應該放在哪裡，不應該放在哪裡，如果不按規則擺放，就會受到懲罰。」
「腳應該放地上，不應該放沙發上，不按規則放也會受到懲罰。」
「話應該這麼說，不應該那樣說，說了不應該說的話還要受到懲罰。」
「情緒應該怎麼表達，不該怎麼表達，隨意生氣、隨意哭泣都會受到懲罰。」

即使沒有受到懲罰，也不能隨意地表達情緒，甚至有的父母看到孩子哭了，為了讓他不哭，就會去轉移他的注意力，讓他玩玩具或者幫他拍照，讓他看看自己哭的樣子有多醜，藉此來強迫孩子停止哭泣。

等長大一些後，父母這種無處不在的控制並不會減少，有些父母從來不會問你在想什麼、你真正想做什麼，他們只會告訴你應該做什麼。他們不會問你想不想讀書，他們也不會問你想怎麼學，他們只會告訴你應該這樣學、應該那樣學。他們不會問你想不想聽話，他們只會告訴你應該聽話。他們還會告訴你，應該懂禮貌，應該照顧別人的感受，應該上進、應該優秀，將來應該有出息、賺大錢。

◆單向輸出的教育

很多父母的教育方式都是單向輸出的，他們只喜歡輸出他們自己的規則，不喜歡傾聽你的想法。他們聽不見你真實的需求，更不會主動去發現和滿足你的需求。在父母的眼裡，你怎麼想的並不重要，重要的是你應該怎麼做，在父母潛移默化的影響下，你慢慢習得了這個模式，你就與父母做了一模一樣的事，也不再關心自己是怎麼想的，只關心自己應該怎麼做。比如說，應不應該照顧別人的感受呢？你不會去問自己想不想照顧別人的感受，你只會告訴自己：「我應該照顧別人的感受。」至於你自己想不想已經不重要了。

我們小時候是怎麼被教育的，長大後就會變成什麼樣子。弱小的你只能選擇聽從父母的說教，不聽話就會帶來不好的結果。你害怕懲罰，害怕失去生存資源，父母的要求就會像聖旨一樣重要，你會強迫自己去滿足父母。有的父母會直接提要求，不符合要求還會打罵孩子；有些父母的要求甚至會變來變去，這時候小孩子為了求得安全感，就不得不自己摸索出一個規律來滿足父母，也不得不要求自我去遵循這個規律，從而獲得最大化的安全感。

一位同學說道：「在我的童年記憶中，我感覺家裡並沒有什麼溫暖可言，有的全是大聲的指責和無盡的抱怨。我生怕自己一個不小心就會出錯，就會挨打挨罵。我每天都活在提心吊膽裡，沒有人關心我心裡的想法，我也不能違背父母的意願，即使我認為他們是錯的，也要聽他們的。記得有一次，爸爸叮囑我，在放學回家的路上不要亂看喪禮，我沒有看，可是媽媽不相信我，還是打了我一頓。」

我們可以想像一下，在這樣的家庭中長大的孩子，心中會積累多少恐懼，會多麼害怕自己出錯，他長大後就會形成這也不能輕易做、那也不敢輕易做的人生模式。

還有一位同學說：「爸爸很嚴厲，從小就要求我和弟弟聽話，我們不聽話就要挨打。弟弟做錯事，爸爸也會責怪我沒有管好弟弟，所以我也要一起被打。他還會讓我們跪在地上，用藤條打到屁股瘀青。爸爸打我們的時候，媽媽也很害怕，從來不敢發出聲音替我們說話，他會當作沒看見這一切。」

可想而知，在這樣的家庭中，一個弱小的孩子要怎樣做才能安身立命呢？只有生成「看別人的臉色」、「照顧好別人的錯誤」等規則，才能保證自己可以活下來。

小時候，一個人如果體驗到太多生存上的艱難、太多被懲罰的恐懼，那麼他心中就種下了「害怕」的種子，這種害怕的感覺會讓他喪失安全感，而人在擔驚受怕中是沒辦法顧及自己自由還是不自由的。

◆情緒化的教育

其實，父母除了會有意識地懲罰孩子，還會無意識地傳達出一些恐懼來影響孩子。比如，父母總是哀怨：「沒錢的日子真是難受，沒錢就會被人看不起，將來你一定要變得有錢，有了錢才能抬起頭做人。」在父母這種潛移默化的說教下，長大後的你為了抬起頭做人，只好依靠瘋狂的努力來賺錢了。

有的父母無意識的抱怨也會影響到孩子：「你怎麼老是不會看臉色，不懂得體諒大人的辛苦？在家待著什麼都不做，這麼懶怎麼行呢？」孩子會因為父母的抱怨而心生焦慮，就會慢慢變成善於察言觀色、善於照顧別人感受的人。

實際上，你想做這些事嗎？並不是因為你想做這些，而是因為你根本沒有選擇。也許你不想努力，你並不想去考慮別人的感受，但是你覺得好像不這麼做就是不行的，因為在你現實生活的體驗中，不這樣做，你就會失去在這個家中的歸屬感。

規則之所以能夠植入你的大腦，是因為有恐懼作為土壤，那是父母給你的恐懼，是你不得不妥協的部分。

父母為什麼要用強迫的方式去虐待孩子呢？

大多數父母都不會刻意虐待孩子，但他們的行為的確構成了虐待。他們之所以這麼做不是因為他們不愛孩子，而是因為這些父母早已習慣了自我虐待，這是他們唯一學會的生活方式，也必然會用這種方式來教育自己的孩子。

Chapter 4
價值感

01 價值感是對自己的信任

◆價值感是什麼

價值感是對自己的信任，是自由的結果。

一個人在想自己能不能將事情做好的時候，其實已經預設了一個前提：「我是可以做這件事的」，而自由是安全感的結果，所以價值感就是「我是可以做這件事的，做這件事是安全的」。

價值感是對自己的一種信任，就是相信自己能夠做好、相信自己有這個能力、相信自己是可以的。比如說，你想吃一塊很硬的餅乾或是一頓很辣的火鍋，想吃什麼是你的自由，但也需要你對自己的牙齒和腸胃有信心。當你相信自己咬得動餅乾而且能夠順利地消化，相信自己的腸胃可以承受辛辣火鍋的刺激時，你會坦然地去吃你想吃的東西。可是如果你已經上了年紀，牙齒咬不動太硬的食物或是你的腸胃比較脆弱，其實連一點點的辣都不能吃，你就不會選擇讓腸胃消受不了的食物來讓自己受罪。

比如說，你白天搭捷運去上班，是因為你相信自己已經掌握、理解了搭捷運的狀況，相信自己能順利抵達公司，這時候你在這方面就是有價值感的。有時候，你會壓秒抵達公司，這更是你信任自己搭捷運會順利的結果。

在這方面，坐火車也是一樣。有時候你很趕時間，看起來很焦慮，覺得很有可能會趕不上火車，但縱使你拖到最後一刻才出門，還是選擇前往火車站。在那一刻，你的內心相信自己能以最快的速度趕上火車，假如你知道自己沒辦法跑或者根本走不快，沒辦法搶到更多時間，你是不會前往火車站的，你會放棄趕火車的念頭。

你在一家公司任職，雖然有時候工作對你來說很辛苦，但是你選擇了繼續奮鬥，因為你相信自己能夠在這裡賺到錢，並且相信自己可以勝任這份工作。雖然有時候你也會懷疑自己，但整體來說你是相信自己的。假如你根本就不信任自己可以在這裡賺到錢，你根本就不相信自己的工作能力，那麼你是不會選擇繼續這份工作的。

同樣，你選擇留在一段關係中，也是因為你相信自己是被喜歡和接納的。你經常對媽媽表現出不耐煩，指責媽媽的嘮叨，還與媽媽拉開距離，也不時常聯繫，那是因為你相信你們之間關係的穩定性，相信他不會輕易地拋棄你，與你斷絕關係。

在伴侶關係中，或許你有些擔心自己配不上另一半，覺得他太過優秀，他的光芒甚至讓你感覺有些卑微，但你的心裡依然相信自己是可以吸引他的，你才會選擇留在這段關係裡。假如你對自己沒有這樣的信心，你覺得自己根本就不適合擁有另一半，那麼你根本就不會成為他的另一半。

你在維持一件事情或開始一件事情時，那一刻，你一定是對這件事情充滿價值感的，即使你在懷疑自己能不能做好，你在糾結、猶豫，說明你也有一定的價值感，它才能支撐你猶豫，所以，價值感就是做事的動力。

一個人的價值感越多，他可以嘗試的事情就越多，人生也就越精彩。反之，一個人不相信自己的地方越多，他就會覺得自己越來越無能，什麼都不會去嘗試，人生也就會越來越暗淡。

◆被忽視的價值

雖然有時候我們會體驗不到價值感，但其實我們大多數時候都是充滿價值的。

我們每天都會做許多事情，都是因為相信自己做得到、能做好才去做的。早起漱洗時，你相信自己有刷牙的能力；做早餐時，你相信自己有使用廚具的能力；開車去公司時，你相信自己有駕駛的能力；在公司開會時，你相信自己的交談能力；回家後和孩子在一起時，你相信自己有照顧小孩的能力等等，這些無時無刻不在發生的事情，都是因為你相信自己能夠做到才會執行的。

但是，很多人意識不到自己的價值感。很多人覺得自己的價值感很低，會覺得自己沒有價值、特別無能，什麼事都做不好，經常有「我一無所有」、「我一事無成」的虛無感。這樣的人會忽略自己的價值，他們會有一個習慣，可以做到的事，尤其是可以輕易做到的事，會自動把它變成日常，並喪失興趣，轉而將目光投向自己無法輕易完成的事。

觀察小孩子時你就會發現，他在剛學習走路的時候是無比興奮的，那時候他發現了新技能，體驗到的價值感超乎想像。但隨著他長大，這個技能已經被無視了，人再也不會因為自己會走路而感到驕傲了。

年輕人在嘗試買房的時候，付了頭期款的那一刻是興奮的，感覺自己在這個地方安了一個家，但是隨著人到中年，財務有了一些自由之後，他對於是否有能力買房已經無感了，會轉而投向自己無法完成或難以完成的事。

從某種程度上來說，人喜歡自虐，總是喜歡做那些有難度的事，來一次次體驗挑戰成功的喜悅或是挑戰失敗的絕望，這裡面才有著某種特別刺激的存在感。從另一個層面來說，這也是人的本能，總想體驗更多的事，解鎖更多的技能，擁有更大的疆土。

這樣的人在潛意識中的邏輯是「凡是我有的，都是無所謂的；凡是我沒有的，都是好的。凡是我會的，都是不重要的；凡是我不會的，都是重要的」。在這個邏輯加持下，一個人就會覺得自己什麼都不好、看不到自己的價值，就算獲得成功也體驗不到價值感。

◆虛假的價值感

有的人忽視自己的價值，有的人拚命標榜自己的價值，有的人總覺得因為外在的優秀、做好事情、別人的稱讚所體驗到的種種價值感是一種虛假的價值感，他們會覺得「如果我有房子，我就是好的；如果我有才華，我會很好」。

這樣的人他的內在邏輯是：「價值＝本質＋外在」。如果外在足夠好，一個人才能體驗到價值，這便說明了他的本質其實沒那麼好。這時候，他的本質還是在踐行「我的本質是不好的」，而這只是一個人在體驗不到自我價值的時候，不得不用華麗的外表來包裝自己的策略。

當一個人的內在並沒有改變，即使他外在擁有得再多，他也不敢確認自己的價值，他會同時去懷疑：「別人喜歡的是我個人還是我的好呢？我擁有的是我表現出來的這些好，那一旦沒了這些呢？」這樣的人潛意識依然會保留這些恐懼。

所以，你越是透過努力改變自己來讓自己變得有價值感，其實你是在強化自己內心的恐懼，會覺得「如果我沒有××，我就是不好的」。

◆真正的價值感

真正的價值感，就是體驗到「我的本質是好的」，不以外在擁有、事情如何、他人的評價為轉移。真正的價值感是恆定的，而虛假的價值感特別容易破碎，稍有風吹草動便會立刻消失，就像是貴族這一存在一樣，有錢不會成為貴族，真正的貴族是落魄時依然能保持體面和修養。

真正有價值感的人不會因為別人說自己不好而受到衝擊，別人的語言暴力屬於別人，並不能影響到他。他與別人有著明確的分別，別人並不能改變他很好的本質，他好不好，也不由別人來定義。

他人可以說他長得不好看，可以說他做錯了，可以說他笨，這只是他人表達的權利，他不必矯正別人，因為那只是別人的觀點。如果他不想別人誤會他，那麼他可以解釋；如果他覺得沒有必要解釋，那麼他可以選擇不解釋，但別人如何評價他，並不能改變他很好的本質，也不會對他造成什麼傷害和影響，即使別人說他很好，他也不會盲目開心。他認為別人說的是對的，他就會同意，並去感受被人誇獎的開心；他覺得別人說的是不對的，他也不會盲目生氣，因為他對自己有著很清晰的認知。

真正有價值感的人不會因為事情的失敗或成功而轉移自己的價值，他能做到「不以物喜，不以己悲」，知道外在事情會有變化，知道事情做得好與不好是常態，不會因此去擾亂自己好與不好的自我評價。

也許他搞砸了一樁生意，也許他犯了一個錯誤，但他知道問題出在哪裡，知道下次怎麼應對更好。他知道失敗是人生常態，無關於他好不好，即使他知道他做不好，他也知道了他的能力範圍在哪裡，知道下次要做到什麼程度。

真正的價值感並不是盲目隔離他人的評價，並不是忽視現實給出的回饋，而是能根據外在輸入的資訊形成自己的判斷與認識，能根據外在的結果調整自己，而非盲目認同。

◆沒價值感，就是有價值

一般人是不會去想真正感覺到沒有價值的事，比如說登陸火星。我們普通人很清楚自己在這方面的價值不足，也就很自然地不會產生相應的價值感，但伊隆．馬斯克就不一樣了。馬斯克是私人航空火箭第一人，二〇一六年時曾宣布想在二〇二四年讓人類移民火星，並在二〇五〇年在火星上建立一座城市，他在這方面就有價值感。

讓人痛苦的不是沒價值，而是不喜歡自己沒價值，這種感覺就像是自己在這方面有點希望，只要踮起腳尖就能搆到，但又不太確定，這時候才會有痛苦。在這個世界上，比沒有希望更痛苦的事，就是只有一點希望。

你覺得自己沒價值，但你又不甘心，那麼不甘心，不正是你的價值觀體現嗎？當你感覺到自己沒價值的時候，你會自責、絕望、抑鬱。其實，當你感覺到自己價值感很低時，恰好是你可以欣賞自己的時候，因為你已經有了很多基礎能力來維持你現在的生活，你正在嘗試一個對你來說更新的領域，而這個領域有一些挑戰、有一些未知。你不確定自己是否能做得到，你看到很多人都做得到，卻忘記了很多人其實是辦不到的，就算你想透過他人尋求一點確定感也很難，你只好自己摸索著嘗試。

你已經有了很多做得到、可行的地方，你在嘗試對自己來說更新、更有難度的事情，這不恰好說明你是有價值的嗎？

02 常見的幾種價值感缺失

◆他說我不好，就是我不好

有很多人對被指責和被否定很反感，非常討厭別人指責和否定他，只要每次受到指責和批評時，他就會很煩惱、很痛苦。可是指責和否定這一行為發生在對方身上，為什麼聽的人會產生強烈的反應呢？

我在「安全感」一章中曾經說過，其中一種原因是聽的人覺得這威脅到了自己的安全，覺得自己可能會面臨懲罰；還有一種可能是有的人在被別人指責、被否定時，會體驗到一種很不好、很糟糕的感覺，這讓他非常排斥指責和否定。

如果仔細體會一下，就會發現這種感覺在說：「他說我不好，我會覺得自己真的不好；他說我不好，就是我不好。」這句話的關鍵其實並不在於對方對你說了什麼，而是你認同了對方的話，把對方的話不假思索地全盤接受了。換句話說，對方說的話擊中了你內心深處的懷疑，讓你被迫把不好的地方暴露出來了。

一位同學這樣說道：「我假日帶著孩子和老公一起出去玩，結果晚上住宿的時候發現沒有飯店可以住了。老公開始指責我考慮不周，責問我為什麼不提前訂好飯店，我聽到他的指責很生氣，便開始反駁，於是就和他吵了起來。」

我邀請這位同學仔細感受一下生氣背後的原因是什麼，他回答道：「如果老公指責我，不認同我的做法，我就會覺得是自己沒有做好，自己很差勁。」這位同學之所以會著急地反駁老公，是希望向老公證明他並沒有老公說的那麼差，那他為什麼要向老公證明自己是好的呢？他知道自己很好不就行了，為什麼非得要讓老公知道呢？

因為他無法獨自確認自己是好的，所以對於自我的評價便輕易地被老公的評價所擊破了。他需要經由老公的同意才能感覺到自己是好的，他也完全同意老公的想法：作為妻子，就是應該考慮周全，讓家人滿意。

當老公不滿意時，他就覺得是自己很差勁，這種感覺就是：「你說我不好，我就是不好的；只有你同意我是好的，我才是好的。我不想覺得自己是不好的，所以你必須同意我是好的，我要透過跟你吵架、要你閉嘴、反駁等手段，來讓你同意我是好的。」

此刻的他就像是一個沒有能力為自己買玩具的小孩子，當他想要玩具而媽媽不買給他時，他就會開始各種哭鬧、撒嬌、生氣，來讓媽媽同意幫他買玩具。其實不是老公的否定讓他喪失了價值感，而是他內在「他說我不好，就是我不好」的想法讓他喪失了價值感。

「他說我不好，就是我不好」這句話有一個前提，就是「我認為他是在說我不好」。這句話中有兩個重點：一是這個是我認為的；二是他在說我不好。如果我不認為他是在說我不好，而是把對方的指責當成一種讚美，就不會產生價值感低的感受了。

比如說，你是一個愛美的女孩，當對方說「你怎麼瘦得跟一張紙片一樣，都快被風吹走了」，你會是什麼樣的心情呢？如果你一直在追求苗條，認為瘦就代表著美，那麼你就不會認為對方在說你不好，你就不會傷心、難過，反而還會有點沾沾自喜。如果你是一位男性，你體驗到的就未必是開心了。你也許會覺得這句話是在說你不夠健碩、缺乏男人味，是在說你不夠好。一旦你認同對方在說你不好，並且認為「他說我不好，就是我不好」，那麼你就會體驗到不舒服。

有的人會稱讚女孩子「你好可愛」，聽到的女孩子可能會覺得「你在說我醜」，理由就是，人對漂亮的女孩子都會直接稱讚他漂亮，不漂亮的才會被說可愛。

由此可知，對方是否真的在批評你並不重要，重要的是你怎麼認為。價值感的喪失其實有兩步，第一步是「我認為他這是在說我不好」，第二步是「他能決定我，他說我不好，我就是不好」。

有的人覺得「第一步是對的呀，他就是在說我不好」，但這只是你的心理現實，你需要向對方確認一下：「你是在說我不好嗎？」對方很可能會給你一個回應：「我只是想跟你說這件事，無關你好不好。」

奇怪的是，對於缺乏價值感的人來說，這個邏輯如果反過來變成「他說我很好，就是我很好」卻很難成立。你可以去回想一下，當別人稱讚你的時候，你的反應是什麼呢？你也許會本能地馬上回應：「哪裡、哪裡，還好還好。」你可能會覺得他是在講客套話，因為你並不相信他說的這些話可以證明你是真的好。

當他人對你說：「你好漂亮啊！你的氣質真特別，你是我見過最有個性的女孩！」你的第一個反應會是什麼呢？

你可能會馬上回應：「啊，謝謝、謝謝，沒有啦，沒有啦。」但是在那一刻，你真的只是為了讓自己表現得謙虛一些嗎？其實，當你仔細感受自己受到表揚的那一刻時，你會發現你的感覺是有些難以承受的，你認為自己並沒有他說的那麼好，好像突然有人幫你戴了一頂高帽子，讓你一時之間不知如何是好。在那一刻，你內在的邏輯就是「他說我好，我並不一定是好的」。

因此，缺乏價值感的人內在完整的邏輯就是：「他說我不好，就是我不好；他說我很好，我並不一定是好的」。可想而知，如果一個人抱持著這樣的信念，他會有什麼樣的感受呢？他會把好的評價和感覺過濾掉，只留下不好的評價和感覺。

這說明了什麼呢？這只能說明他只對「不好」的感覺感興趣，他只「喜歡」不好的自己，這也證明了他本來就覺得自己不夠好、覺得自己是不好的。只有自己不認可自己，才會在面對別人的指責和批評時立即認同，在別人說自己好的時候卻顯得那麼猶豫、不確信。因為他心中有一個「不好」，他在私底下已經評判過自己無數次了，價值感已經被自己拉低無數次了，所以聽不了別人的批評。若是別人一評判一個準，他會有什麼樣的感受呢？他就會更加挫敗，這是多麼絕望啊！

◆事情沒做好，就是我不好

我們每天都要做無數件事情，即使你覺得一整天都無所事事，但是從你早上睜開眼睛到晚上閉眼睡覺也會經歷無數事情，這就意味著必然會出現做得好的事情與沒做好的事情。事情沒做好本來就是常態，可謂勝敗乃兵家常事，但是你仔細回想：事情做好的時候你的反應和沒做好時是一樣的嗎？

比如說，你今天準時起床了，這是一件做好的事情，你會有開心、愉悅甚至興奮的感覺嗎？你會誇獎自己「我真棒！我今天準時起床了！太棒了」嗎？你不會。你會覺得準時起床不是應該的嗎？這有什麼好高興的。但是，如果你沒有準時起床，就影響到你的工作，你便會開始責怪自己：「哎呀，怎麼又賴床了，真是懶惰！每次都這樣慌慌張張的，我真是個不自律的人！」

當你準時到達辦公室時，你不會覺得自己做得有多棒，但是如果你今天遲到了，那麼你就會開始自責：「遲到了兩分鐘，如果我早起兩分鐘不就好了？我收東西收快一點不就好了？我怎麼可以這麼拖拖拉拉的，真的很不會安排時間！」

當事情做好時，人很少給予自己正向的鼓勵和回饋，會覺得這都是應該的，彷彿只有做出了大成就才值得慶祝和開心。但是，事情一旦做不好，就會很輕易地引起負面的感受，對自己進行放大化的批判。本來只是一件事沒做好而已，卻往往會把自己說成一個非常糟糕的人，這樣的人的內在往往有一個邏輯：「事情沒做好，就是我不好」。他會把自己的價值感捆綁在事情上，彷彿只有把所有的事情都做對了才能證明自己是一個很好的人，但凡事情沒做好，他就開始懷疑自己是不是這裡有問題、那裡有問題。

比如說，有一位同學在課堂上跟不上老師的步調，聽不太懂，覺得很難過，他就開始責怪自己怎麼這麼笨，理解能力怎麼這麼差。當他這麼想的時候，他就會更難過，整個人被淹沒在自責和悲傷中，老師說的內容就更加聽不懂了。

上課聽不懂就能說明這位同學很笨嗎？並不是。也許是這堂課本來就比較難，並不適合這位同學學習；也可能是老師講得並不好，不利於這位同學理解。但是，這位同學直接把聽不懂等同於自己是笨的：「我在聽課時沒有達到預期的效果，所以我就是一個笨的、不好的人。」

還有的人因為不敢做錯事情，所以變得小心翼翼或忍辱負重。比如說，在一段已經支離破碎的婚姻中不敢離婚的人，他會把自己的價值感建立在婚姻的完整上，認為一旦離婚，自己就不是一個完美的人了。離婚代表著失敗，他不能允許自己失敗，因為失敗就會把他的價值感全部奪走，所以他不能做不好的事情，那麼這樣的人就會成功地被事情所綁架。

事情沒做好只是一個結果，這個結果由眾多因素共同構成，有自己不夠好的原因，有運氣的原因，有任務難度的原因，有他人的原因，而一個價值感低的人就只會看到自己的原因。

自己的原因也是多方面的，例如是自己不夠好，是自己沒把握好機會，還是自己大意了等等，而價值感低的人只能找到一個原因：「我不夠好。」

「事情沒做好，就是我不好」這樣的想法正在剝奪一些人的價值感，同時，這個想法反過來依然不成立：「事情做好了，不能說明我很好，只能說明我正常，這件事只是偶然、僥倖。」

不管事情有沒有做好，最後的結論都成了「我不夠好」。

◆別人不開心，就是我不好

不開心作為心情的一種，普遍存在於這個世界。人不開心的原因有很多，你永遠不知道你面對的這個人會因為什麼而不開心，而且不是所有人都能承受別人的不開心。

當身邊的人抱怨、哭泣、難過、委屈的時候，有的人就會自動撿起這些不開心，會覺得「別人不開心，就是我不好」，如果是自己導致別人不開心，那肯定是自己不夠好了；如果不是自己導致別人不開心，而自己沒有去安撫好對方的情緒，那也是自己不好，這就是「見不得別人不開心綜合症」。

一位同學說：「男朋友都不會馬上回覆我的訊息，也很少跟我分享他生活中的事情，有時候看到他不開心，問他怎麼了，他也不愛跟我分享。這讓我很失落，因為這代表著他不喜歡我，我對他來說沒有特別的吸引力。一定是因為我不夠好，不夠有魅力，他才沒有那麼喜歡我。」

這位同學的邏輯是「男朋友不開心，代表他不喜歡我。他不喜歡我，就是我不好」。這個同學的推論聽起來非常有道理：如果自己變成一個魅力四射、極度優秀完美的人，好像就可以拯救男朋友的不開心了，男朋友好像就沒有理由不喜歡自己了。也許你變成一個魅力四射的人，的確會讓男朋友開心和喜歡，但是他不喜歡現在的你，只能說明你不是他喜歡的類型，但他的品味能說明你不好嗎？

有很多人很怕面對衝突，在人群中永遠是那個人畜無害的老好人，沒辦法忍受別人不開心，彷彿別人一旦不舒服就是自己的責任。比如說，喜歡討好的人會特別害怕別人不開心，對他人的情緒特別敏感，好像別人生氣一定是因為自己哪裡做得不好，所以惹到別人不開心了。更敏感一點的人則是這樣：

「他不理我了，都是因為我不好，就是說明我不好。」

「他想離開我，還不是因為我不夠好。」

「天要下雨了，都是因為我不好。」

「美股跌了，都是因為我不好。」

是不是越聽越離譜？自我價值感低的人會把他人的情緒與自己的好與不好捆綁在一起，會把外在很多東西都跟自己捆綁，以至於隨便發生一件不夠好的事，都可以觸發「都是自己做得不好、做得很差、自己很差勁」的開關。

聽起來，他們的影響力好大，好像厲害，但這又何嘗不是一種自戀呢？

◆別人比我好，就是我不好

當你看到另一個人比你聰明漂亮的時候，你的第一個反應會是什麼呢？你是會覺得「他很聰明也很漂亮，我很欣賞他，很想跟他當朋友。他一定會很欣賞我的才華，我們當朋友一定會很合」，還是會覺得「哇，他這麼聰明漂亮，跟他比起來我根本超土，我又沒有他漂亮，真是該死」？

無論你多努力，你都不可能是世界第一，你最多能做到在某一個領域、某些時刻的第一。例如林丹曾經是羽毛球全球第一，比爾．蓋茲曾經賺錢全球第一，但他們也做不到所有時候、所有事情都是全球第一，這就意味著，你在某些時候、在某些地方必然會比某些人差，而且這是一件很正常的事實，但有的人就是很難接受。

這些人一生都在追求優秀，他們的目標就是讓自己變得越來越優秀，一旦見到比自己更優秀的人，他們會立刻激發自己的自卑情緒，甚至會覺得：「他比我好，就是我不夠好」。

他們特別喜歡跟別人比較，當他們發現自己比別人好的時候，就會自動忽略這些人，轉身去跟更好的人比較，一旦自己被比下去了，就會覺得自己怎麼這麼差勁；一旦發現自己在某方面比別人差，就自動等同於自己很差。

實際上，別人比你好，這說明了什麼呢？這說明對方實在是太優秀，說明對方有特長，這能說明的有很多，但對價值感低的人來說，這只能說明自己很差，完全不會想到別的可能性。

價值感低的人缺少全面評估自己的能力，實際上健康的價值感應該是這樣的：「雖然你鋼琴彈得比我好，籃球打得比我好，但我字寫得比較漂亮，個性比較好，我依然覺得我跟你是一樣好的，大家都可以一起平等地交往，或許我的某方面不如你，但我的整體並不比你差。」

當你秉持著「別人比我好，就是我不好」的想法暗暗與他人比較時，你的生活無疑就會到處碰壁，漸漸被挫敗感淹沒。

總有一天，你要明白，你不是超人，你不是完美的，你有不如他人的地方是必然的，而這個不如別人的地方是作為一個普通人必然的存在，並不能代表你不好、你很差，這種無意義的比較並沒有任何益處，更不能幫你提升價值感。

◆我有某個缺點，就是我不好

當你覺得自己不夠好的時候，你內心一定會先有了一個自己應該成為的樣子，那就是你認為自己「正常」的標準。如果你去問一個人：「你覺得正常的自己應該是什麼樣子的？」他會給你一個令你驚訝的答案。

一位同學說：「我覺得自己很沒有自信，很怕上臺演講，一上臺就緊張，非常害怕講得不好，結果往往確實表現得不好。」

我就問他：「你覺得怎麼樣才算是表現得很好了呢？」

他說：「我自己的標準是上臺要很有自信、不會緊張，說出來的內容可以讓大家眼前一亮，讓大家覺得我很優秀、很有想法。」

可想而知，在這個標準之下，他只能覺得自己講得不好了。他心目中有一個他應該成為的樣子，而現實中的他並不是這樣的，這就說明了他和理想中的自己有差距。

很多人覺得自己就應該是第一，所以他們覺得「我不是第一，就是我不好」。每當他們沒有在小圈子裡得到第一的時候，就會覺得自己糟透了，他們會說服自己的原因包括：「別人都能得第一，我為什麼不能？」好像得第一才是正常的事。

每個人都有理想化的自己的樣子，這很好。

可是，如果你沒有成為理想中的樣子，就說明了你是不好的嗎？

如果你覺得這樣就是自己不夠好，很可能是你的潛意識裡故意要讓自己感受到低價值感，你只想要設定一個過高的目標讓自己做不到，然後你就能成功地感覺到自己很差勁了。

比如說，跑步很難嗎？你擅長跑步嗎？脫離了情境，這種討論沒有任何意義。跑一百公尺聽起來不難，但是要你五秒鐘內跑完一百公尺就很難了。當你覺得很難的時候，你一定是習慣了幫自己設立高目標，來讓自己覺得自己很差勁。

不是你自己不夠好、不夠優秀，而是在高目標襯托之下的你不夠優秀。你把目標設置得越高，你就會越挫敗，但如果你願意給自己時間、耐心，靜下來慢慢去做一件事，你就會體驗到價值感了。

當你覺得自己不夠好的時候，你可以先問問自己，你覺得「好的自己」應該是什麼樣子的？描述得越具體越好，然後以客觀的眼光再去評估一下自己的標準，看看標準是否過高了，實現起來是不是過於困難了。

03 價值感缺失的本質

◆失去價值感的邏輯

一個人在體驗到沒價值感的時候，他所使用的邏輯就是：

外在發生了什麼，代表我不夠好。

別人對我做了什麼，就是因為我不夠好。

我做了什麼、有什麼、沒有什麼，統統都是我不夠好。

總之，只要一件事不是我理想的樣子，那麼原因只有一個，能說明的也只有一個，那就是我不夠好。在這個邏輯加持下，人想證明自己不夠好簡直是太容易了。

「如果別人不開心，就是我不好。」

「如果別人嫌棄我，就是我不好。」

「如果別人指責我，就是我不好。」
「如果事情沒做好，就是我不好。」
「如果我遲到了，就是我不好。」
「如果他拋棄我，就是我不好。」
「如果他出軌了，就是我不好。」

你可以檢查一下你是否有這樣的邏輯，以至於在不知不覺中讓自己缺失了價值感，檢查的方法就是找到事情A背後的象徵，你可以問自己：「〇〇你對來說代表著什麼？〇〇說明了你是一個什麼樣的人？」

價值感稍低一點的人會覺得考試沒考好，就是我不好；沒賺到錢，就是我不好；被上司罵，就是我不好。價值感特低的人則覺得太陽升起來了，就是我不好；太陽下山了，就是我不好；今天下雨了，這表示我不好；今天放晴了，這表示我不好；別人過得比我好，表示我不好；別人過得比我差，表示我不好。

不要覺得這些很誇張，你看別人是如此，別人看你亦如是。

你低價值感的捆綁邏輯和捆綁在太陽上沒有本質區別，價值感低的邏輯，就像是吸附一樣，遇到相關的情境，馬上要把「我不夠好」吸附上去。

反過來說，價值感極高的邏輯就是：我過得不好，都是他不好；我是好的，我沒有問題。我真的太好了，是他太差了。

◆沒有價值感，是因爲自我攻擊

價值感低的核心成因就是自我攻擊。

價值感低的人總會有意無意地去證明自己不夠好，就像自動吸附一樣，有點風吹草動就能馬上聯想到是因為自己不夠好。

他們會把自己的價值感捆綁在外部的某些東西上，別人不開心、事情沒做好、別人說他不好……很多事都可以跟自己捆綁在一起。這種捆綁是「一榮俱榮，一毀俱毀」的，如果他捆綁的東西破碎了，他的價值感也就跟著破碎了。

這個過程其實是潛意識主動發起的，一個人會主動發起「我這裡、那裡不夠好」的認知，雖然價值感低的人對於別人的批評忍受程度較低，但其實他們的內在正在對自己進行一輪又一輪的攻擊，所以是自我攻擊。

一旦把價值感與外部事物進行捆綁，體驗到價值的條件就會變得非常苛刻。比如：我有多少錢才可以證明我是好的、我有幾間房子才說明我是好的，我在幾歲之前談過幾次戀愛、幾歲之前結婚成家才能證明我是好的，我在戀愛關係中是個懂得照顧別人情緒且是高情商的人才能證明我是好的，我在公司做到什麼樣的職位、年收入達到多少才能證明我是好的……

你是不是也經常這樣來求證自己是好的呢？那麼，為什麼你的好非得要依附在這些條件上呢？假如去掉這些條件，你還是好的嗎？你還可以確信自己是好的嗎？

◆我的本質就是不夠好

自我攻擊的結果就是不斷驗證自己不夠好。表面上看來，一旦發生了A，我就覺得自己不夠好，實際上是人先覺得自己不夠好，然後找到證據證明自己不夠好。

潛意識在說：「看吧，你果然是不好的。」

你不敢確信，因為你不敢相信自己的存在就是一種價值。你不敢相信不需要刻意地努力和付出，你自然的行為就會對自己、對他人、對社會產生價值。你不敢相信「我的本質是好的」是不以外在的事物為轉移的，你內在有一個「我的本質是不好的」

的信念，這時候，你就要透過自我攻擊來驗證自己的內心事實。

表面上，為了證明自己的存在是有價值的，所以你才要瘋狂地去賺取「自己是好的」的資本，你把自己的價值感與金錢、名譽、愛情、貢獻、討別人喜歡等事物綁定了，這些外在的聲音和事物成了你的主人。實際上，你越是依賴外在的這些東西所給予的價值感，越說明你內在價值感的脆弱。

一個人越是追求什麼，越是在說明他內在缺什麼；越是渴望證明自己是好的，越在說明「我的本質一點都不好」。

◆自我攻擊不同於自我反省

自我攻擊不同於自我反省，兩者的本質有著很大的不同。

自我反省是為了讓結果更好，為了讓下次不再遭遇同樣的局面，而自我攻擊的目的則只是證明自己很差。其中，結果的成因會因為歸因不同而有所不同，歸因就是你解釋一個現狀的原因，即你認為是什麼導致了這個現狀。

價值感低的人在自我攻擊時使用的歸因邏輯為：「事情失敗了歸因為我，事情成功了歸因為偶然。壞事歸因為我不好，好事歸因為偶然。凡是糟糕的結果，都是我不好導致的；凡是好的結果，都是偶然、運氣。」

價值感高的人擅長自我反省，其歸因邏輯為：「事情成功了，歸因為我很棒，是我努力、有能力的結果。事情失敗了，歸因為偶然、運氣，並不是因為我很差。」

自我攻擊的人會把原因作為不可控因素，改變起來很難，這樣可以讓人感覺到絕望；自我反省的人則會把原因作為可控因素，是可以被改變的，這樣會讓人感覺到希望。因此，自我攻擊和自我反省的本質不同，不同之處在於找出來的原因是否是可以改的、好改的。如果是可以改的、好改的，那麼說明這樣的反省還是很有意義的，它會促使你變得更好。如果你找出來的原因是非常穩定的一些因素，而且很難改，那麼你就是在打擊自己的價值感。

一位同學抱怨道：「我現在的婚姻非常不幸福，我真是瞎了眼選擇這樣的人當我的伴侶，我真的有夠後悔的！而我現在還沒有能力離開這個人，我真是太軟弱了！」這是一個把自己的失敗穩定歸因的典型例子：「我的不幸是當初的選擇導致的，那時候我瞎了眼，我的不幸是軟弱導致的。」

首先，當初的選擇是可控的嗎？我們不能讓時光倒流，所以，曾經的選擇是完全不可控的，我們只能選未來，而這位同學卻把自己的失敗歸因為一個不可控的因素。

其次，軟弱也是一個相對穩定的特質。把原因指向為自己太軟弱，也就是指向自己內在穩定的特質，這就會形成一種自我攻擊。

那自我反省的原因是怎樣的呢？如果這位同學把婚姻的不幸定義為「我為了安全感而沒有選擇離開」，這樣的歸因就變成可控且可改的了。他可以去想辦法調整自己的安全感，從而改變婚姻不幸福的現狀。

04 抱怨的好處

歸因其實不一定要找出自己的原因，當一件事情結果不如自己意願的時候，找出別人的原因也是有意義的，這個覺得是別人的問題、意外等導致的原因，叫作外歸因。有的人把這個過程叫作找藉口，因為他們覺得外歸因改變不了任何結果，但其實外歸因是有好處的——可以維持人的價值感。

我們舉個最簡單的例子，有的人把婚姻不幸福定義為失敗，然後要把這個結果進行歸因。價值感低的人會內歸因為穩定因素，認為自己沒有吸引人的魅力，沒有經營感情的能力，自己非常糟糕；有的人則會歸因為對方的問題，認為對方有心理病、人格不健全等。

對個體來說，對方是什麼樣的人是很難被你改變的，所以這是一個相對穩定的原因。這樣的歸因對結果雖然沒什麼幫助，但這樣的歸因方式有個非常大的好處，就是維持自我價值感。

問題是他的，你就沒有問題；都是他不好，那你就是好的了。維護自我價值感的好處就是能讓你繼續相信愛情，還願意重新找一個對你好的人，開啟一段新感情，因為不是你不好，所以下次你還能再投入愛情、享受愛情。可是，當你認為你的婚姻失敗是因為你自己有問題，那麼你不僅會對這段婚姻很失望，還會對你的人生很失望。

當一個人的價值感過低時，便會對生活產生絕望，什麼都不想去做。當你認定自己就是不好、就是沒辦法把事情做好時，那麼你哪裡來的動力去做呢？即使你強迫自己去做，你也會一邊做、一邊懷疑，過程非常辛苦。

有的人會透過責怪原生家庭來維持「我依然是好的」的感覺，有的人透過推卸責任給他人來維持自我價值感。由此可知，抱怨、指責、推卸是有積極意義的，其作用之一就是維持自己的價值感，將問題歸因他人，你就很好了。

05 健康的價值感

◆價值感過高

雖然價值感高會讓人自我感覺非常良好，但脫離了現實，價值感過高是非常危險的。如果你總是覺得自己沒問題，你會容易覺得都是對方的問題，一旦這麼想，那麼你就會更容易指責、嫌棄、否定對方，還會容易看不起對方。這時候，別人跟你相處就很容易會被你批評，從而想離開你。

如果你總是把婚姻中的矛盾歸因於對方，你就會在抱怨、不得志中屢屢更換伴侶，不僅無法獲得長期的伴侶關係，更會讓自己不開心、不舒服。

有的人會覺得自己特別棒，覺得自己值得最好的對象。曾經有一則新聞，一位女士公開擇偶，不僅要求對方外形端正、家境優越、學經歷優秀，還要求對方每個月能給他二十萬人民幣的零用錢，結果他就成了新聞焦點。其實他並不具備配得上對方的條件，這就是過高地評估了自己的價值。

在工作關係中，如果你的自我價值感過高，就會表現得過於自信，就會讓他人覺得你過於傲慢、清高，從而影響與他人合作的感受。

高估自己的能力也會讓你負起你應承擔的責任，最後導致事情失敗，這不僅會影響你的業績，更會影響你的口碑。

◆價值感過低

如果你對自己的價值認識過低，你就會覺得自己特別不好，經常體驗到挫敗、無助，缺乏行動力，什麼都不想做，會漸漸陷入抑鬱。你會失去對自己的信任，「什麼都做不好」、「什麼都不配」、「什麼都不好」的人生是令人非常絕望的。

你會因為覺得自己沒能力而無法開始做事情，事情的結果也無法給予你正向回饋，這一切只會進一步強化你的「沒能力」。你會因為覺得自己沒有魅力而無法開始社交，社交也無法給予你正向的回饋，從而一步步強化「我果然就是不好的、不被人喜歡的」的想法。

價值感過低的時候，會引導現實進一步惡化，人就會進一步鞏固自己的低價值感，進而陷入惡性循環。

◆健康的價值感

健康的價值感不是過高也不是過低，而是擁有被現實檢驗的能力，符合現實的就是好的，不過高也不會過低地評價自己。

你知道自己摘不到天空中的雲朵，所以不會去摘，但你知道你可以搭飛機看見美妙的雲海，所以你會去做。你知道自己追不上好萊塢明星，所以你不會去追，但你知道你可以努力靠近校園操場上的男神，所以你會去做。

正確評估自己的價值，就是要用現實檢驗能力。當然，你永遠都不能準確地知道自己值得多好的事情、值得多美的人，但你可以透過現實一次又一次的回饋，更加接近真實水準。

06 找到價值感的幾種方式

◆以整體的眼光看待自己

建立價值感的方式不是發現「我很好」，而是發現「我整體上很好」，也就是「我有的地方好，有的地方不夠好」。但誰又不是這樣呢？每個人都有所長、有所短，用全面的眼光看待自己，就會得到一個客觀的結果。

用局部的眼光看待自己時，就會陷入兩個極端，只發現自己好的地方時，會覺得自己哪裡都好、特別好，非常陶醉；只發現自己不好的地方時，會陷入恐怖的自我否定裡，覺得自己哪裡都不好、糟糕透頂，這樣反而會陷入極度主觀的評價裡，喪失被現實核對的能力。

用全域的眼光看自己則不會陷入妄自菲薄之中，就會不卑不亢地看待自己，同時還是一個去理想化的過程。我們會幻想自己哪裡都好，對自己有一個理想化的想像，而沒有實現這個標準，就會覺得自己不夠好。

實際上，你有的地方好，就已經是很好的了。

我們對別人也會有理想化的想像。在我們的想像中，別人都特別好，這樣就會凸顯出自己的不好。其實每個人都有自卑的地方，別人也沒有你想像的那麼好。

◆自己定義自己，選擇性使用外在定義

喪失價值感是因為我們把價值感交給他人和外部事物來定義：

「只有別人說我好，我才是好的。」

「只有事情做好了，我才是好的。」

「只有發生了什麼什麼，我才是好的。」

當你感受到自己不夠好的時候，你可以問問自己：

「我把自己的價值感捆綁在什麼地方呢？」

「要怎麼樣，才能證明我是好的呢？」

「這件事情沒做好，可以代表我的本質是不好的嗎？」

當你不知道自己好不好時，你就會把定義自己的權利交給別人，而拿回自己的定義就是去區分別人認為你不好和你認可的不好之間是否有真實的關聯。

有人覺得你的開車技術不好，那你的開車技術到底是好還是不好呢？別人說你技術不好，與你的技術有沒有關係呢？好的標準又是什麼呢？跟賽車選手相比，的確不好，但我們換個標準試試：在現有的技術中，你認為開車不影響別人，就叫作開車技術好，你甚至還可以再重新定義一下，沒出過事故就是開車技術好。

定義好壞的標準永遠在你自己的手裡，永遠不要拿一個特別高的標準來對比自己、定義自己。當你知道真實的自己是怎樣的，就不會因為別人說你什麼而改變自己。

當然，定義自己時也不要盲目自信，一副「你怎麼評價我，跟我有什麼關係」的樣子。一味地忽視別人的評價是不健康的，這會讓你陷入盲目自大，但是一味地接受別人的評價也是不健康的，這會讓你很容易被他人影響。

健康的自我定義是不盲目相信、不盲目否定。你對自己有定義權，但你對自己的定義會參考周圍環境對你的評價。一個好的制度是這樣的：「我主導自己，但你可以參與我的主導。你可以提建議，你可以發表意見，我也會合理評估你的看法，根據你的看法來適度修改我對自己的看法，讓我更好地適應現實。但無論你提什麼樣的建議，有一點是不能被質疑的——最終決定權在我這裡。」

◆小目標提升價值感

小目標就是幫自己定下一個小時或是一天的計畫，或者只幫自己制定一點點的計畫。不要在想像中用宏大的目標嚇倒自己，然後用制定更大的目標來防止自己挫敗，最後只會更挫敗。比如說，你買了一臺跑步機，你幫自己定了一個小目標：

「今天我要跑五分鐘。」當你跑完五分鐘，在五分零一秒的時候果斷關掉跑步機，你會覺得你完成了目標，覺得自己棒極了。但是，如果你要求自己今天跑五分鐘，完成以後，明天要求自己跑五十分鐘，後天要求自己跑一百五十分鐘，不斷地提高目標，那麼你同樣會透支你的價值感。

但有很多人很奇怪，他們一旦實現目標，就會馬上幫自己增加新目標。實現這個目標，終於可以去實現下一個目標了；忙完這陣子，終於可以去忙下一件事了；他們的人生就像是陀螺一樣，不停地轉啊轉，喪失了休息的能力也喪失了價值感。

07 原生家庭及育兒中的價值感

◆價值感形成的關鍵期

價值感形成的關鍵期是在三至六歲，佛洛伊德把這個階段叫伊底帕斯情結。這個階段的孩子開始探索這個新奇、充滿未知、豐富多彩的世界，但是自身的能力又不足以支撐他確信自己是可以的。這時候，他就特別需要父母的鼓勵和認可，從而形成自己的本質是好的的認知。

如果在這個階段沒有建立起價值感，他就會在別的時段花更多的精力來重新建立。然而，如果父母阻止了他，他就會長久地處在挫敗感裡。

原生家庭並不是價值感建立的唯一環境，但在原生家庭中，父母與孩子的互動方式極大地影響了孩子如何建立價值感。

◆父母吵架

嬰兒長期處於全能自戀的狀態之中，他會自動認為外界很多不好都是他不好導致的。比如說，「父母吵架，都是因為我不好」，父母吵架本身跟孩子沒什麼關係，但小孩子會自動認為都是因為自己不夠好，他們才吵架，所以他會覺得：「如果我乖一點，他們就不會吵架了。」

造成這個現象的原因是，當孩子還小時，他的自我還沒有建立，他分不清楚外界的衝突和自己的關係。

他會把外在等同於自我，這是孩子與環境共生的部分，所以他會把環境與他人的不好等同於自己不好。如果後期這幾部分沒有完成分離，孩子長大後，依然會把環境與他人的不好等同於自己不好。

歸因為自己不好，可以幫助孩子獲得一點掌控感。

如果他將許多問題的發生歸因為父母不好，他將會體驗到對環境的嚴重失控，更沒有管道得到父母的愛。而歸因為自己不好，孩子會留下一種幻想：「是不是我足夠好了，父母就可以停止爭吵，來愛我了？」

◆父母忙

很多父母都很忙，沒時間管孩子，在這樣的環境下長大的孩子很容易自暴自棄，他會覺得是自己不夠好，不夠惹人疼愛，自己的存在沒有價值，才會沒有人愛、沒有人在乎。畢竟，金子才值得人珍惜，一塊石頭又有什麼好在乎的呢？沒有愛的灌溉，他的價值感又從何建起呢？

有的孩子十分刻苦用功，他會認為：「只要我再乖一點、再優秀一點，父母就會注意到我、愛我了。」

孩子會養成自強的性格，凡事都要爭得一個好結果，覺得要特別優秀才能被別人注意到。

他會無意識地把自己的標準拉高，生怕自己一不優秀就會落後、沒人在乎了，會時刻生活在恐懼中。

雖然努力的品質會帶給他一定的成果和價值，但透過恐懼建立起來的價值感是一種虛假的價值感，並不能建立「我的本質是好的」的認知。

◆父母的悲觀和抱怨

有的父母性格過於悲觀，特別喜歡抱怨。他們或許不會刻意指責孩子，但他們總是在抱怨，例如鄰居對自己不好，伴侶對自己不好，社會對自己不好，親戚對自己不好，自己的身體怎麼不好……這種抱怨會給孩子一種自己不夠好的感覺。

在小孩子的體驗中，自己和父母是一體的。因為你不開心，所以他想拯救你，可是他的力量太弱小了，無法拯救你，他就會覺得是自己不夠好、能力太差了，感覺很挫敗，那麼他的價值感就被削弱了。

◆父母的指責

父母的指責對很多人來說簡直太常見了，「你這樣不行！」「那樣不行！」「這個不應該這樣做！」「為什麼又做錯了！」這樣的聲音很熟悉吧。正因為在你小的時候，你的父母特別喜歡把你沒有做好的事情歸因為你內在的穩定因素，所以才破壞了你價值感的建立。

當你寫作業遇到不會的地方時，他們不會說是因為這題太難了，他們會說是因為你太笨了。題目太難了屬於外歸因，如果父母這樣說，就會很好地保護你的價值感；而說你太笨了，這就是在內歸因，就會讓你感受到挫敗感，你的價值感也會被破壞。

你一不小心把杯子摔破了，他們不會去想是不是把杯子擺放在不恰當的位置上，他們會怪你怎麼這麼不小心，毛手毛腳。

總之，只要你一犯錯，一定是你不夠好導致的，那麼你就會習得這種歸因方式，把事情的失敗歸因於自己不夠好。

◆父母的期待

有的孩子很不幸，從小就要承擔家庭裡的某個重任，父母會要求他將來要成為什麼樣的人，給孩子設定過高的目標，孩子就會被這個目標綁住。雖然孩子已經十分努力了，但父母就是不滿意，還會要求孩子十二分的努力。當孩子已經努力到極限，父母還是無限度地要求他時，孩子便會體驗到巨大的無力感和挫敗感。

沒有成就感的支持，價值感是很難建立起來的，孩子就會覺得，是因為自己不夠好才沒有達到好的標準。即便日後成長得很優秀了，他還是會要求自己更好，他的人生就會過得很辛苦。

◆父母的比較

父母為了面子，往往會拿自己的孩子與別人家優秀的孩子比較，希望自己的孩子透過努力也能變得一樣優秀，來換回一些面子。

父母這麼說的時候，可能只是隨便說說，但孩子不會隨便聽聽。孩子會在被比較之初默默努力，可是當孩子超越了隔壁的小朋友後，父母還會拿他與隔壁、隔壁的小朋友做比較。

這種無止境的比較會讓孩子覺得自己很差勁，落後於他人就會打擊孩子的信心，讓孩子體驗到生不如人的感覺，一直活在卑微中。

◆從未得到誇獎

實際上，父母不誇獎孩子並不等於不愛孩子，可能是因為父母缺乏正向表達的能力，但孩子會體驗到「你沒有誇獎我，一定是因為我不夠好」。

對於小孩子來說，沒有得到正向的回饋是無法找到自己的價值感的，就像是行走在空白裡，不知道自己要做到什麼程度才會讓父母滿意，不知道自己怎麼做才算是好的。而孩子覺得自己不夠好也是有意義的，這樣他會獲得一些掌控感，因為他會覺得，雖然自己操縱不了外在，起碼還可以操縱自己，這就是「我不夠好」的生存意義。就像嬰兒一樣，他會透過吸吮獲得安全感和掌控感，但實際上他什麼都掌控不了，奶嘴送到他嘴裡的時候，他就有了能掌控這個世界的感覺。

Chapter 5
意義感

01 人生的意義

◆人生的意義，就是活出自我

人活著的意義是什麼？人為什麼要活著呢？

看起來這是一個哲學問題，卻也是一個非常基礎的人生問題。

人的一生會發出無數次這樣的疑問，在你開始有意識的時候，在童年開始對世界好奇的時候，在青春期壓抑的時候，在青年期迷茫的時候，在中年危機的時候，在富裕了以後，在空空的房間裡的時候，在旅行的某個瞬間……你都會有這樣的疑問。

那可能是一種突然的傷感、空虛、迷茫，覺得自己做的一切都沒有意義，感覺不到自己的存在，覺得生活就是流水帳，日復一日，年復一年，甚至覺得人生七、八十年實在太長了，不知道為什麼活著也找不到放棄生命的理由，這種狀態就是缺乏意義感。

人生的意義，就是活出自我。要理解這部分，得從什麼是「自我」開始說起。

你是如何感知你自己的呢？你是如何定義你自己的呢？「我」是個很熟悉的詞，但什麼才算是「我」呢？當我們說「我的汽車」、「我的房子」、「我的孩子」、「我的工作」的時候，這些東西是客體，是「我的」而不是「我」，所以「我」所擁有的外在事物在自我範圍之外。那麼皮膚內的就是「我」了嗎？我們又會說「我的心臟」、「我的肝」、「我的肺」，相對於「我」來說，這些內臟也是客體，它們屬於「我」而不是「我」。同樣的，「我的名字」、「我的感受」、「我的思想」、「我的願望」這些也是相對於「我」存在的客體。

一切可被定義為「我的」的存在，都屬於「我」而不是「我」。自我是一個觀察者、一個體驗者，觀察者不是觀察本身，不是觀察物；「我的」也不是「我」。

又「哲學化」了，好吧。當你思考這個問題的時候，就算你的頭大了三倍也不會有答案。哲學家對此進行了上千年的努力，從古希臘德爾菲神廟上的「認識你自己」，到德國哲學家康得的《純粹理性批判》中認為理性無法說明人認識自己，哲學家們都在說同一件事情——認識自己是一件不太可能的事。

當你去思考時，答案就找不到了，因為自我只能被感知，無法被思考。

◆活出自我就是享受

自我，就是你願意享受的事物的集合。

你有過感覺到享受的時刻嗎？你曾在某個瞬間陶醉於某一件事嗎？那一刻，你忘記了所有，不再思考。

當你出門旅行時，你在看山、看海、看雪、看瀑布、看日落的時候，你有陶醉過嗎？那一刻，你忘記了自己，你被深深地震撼了，好像你跟這些風景在一起了一樣，你們在那一刻成了一個整體。我在海邊生活，經常在夜裡去看海，某些時候，我感覺到我和大海是一體的，我們都是這個宇宙的一部分。

當你在滑雪、玩滑板、玩跳跳床、玩自由落體、玩超級瑪利歐兄弟、在KTV裡唱歌、吃火鍋、做美容的時候，你的大腦在想什麼呢？總有那麼一些時候，你會忘記思考，你只是在做，你只是想做，你陶醉在這些事裡，好像你們是一體的了。即使你在思考，你也在專注地思考要做的事。

當你在看電影時，你忘記自己在看電影，你彷彿就是故事本身。你不是在電影院裡，你是一個故事的主角，你在一個驚天動地的故事中，你就是故事本身。

總有那麼一些時刻，你只是在體驗、在感受、在陶醉。你忘記了自己，消融了界限；那一刻，你會感覺到自己跟那件事融為一體，這種感覺就是活出了自我。

外在的事物成了自我的一部分，那一刻，它們不再屬於你，不再與你無關。那一刻，它們就是你，那麼自我其實就是你的心願意享受且能夠享受的事、物和人的集合。

你在做什麼，什麼就是你。自我是流動的，自我不能單獨存在，自我就是事情本身。當你陶醉在某件事裡，你就體驗到了你的自我。自我就像靈魂一樣，當它附著在某件事上時，自我就跟那件事情完成了融合，這件事就是它。

自我即融合。人生的意義就是去體驗自我，就是去融合，就是去陶醉於人、事、物，這個過程也就是人們常說的「天人合一」、「活在當下」。

因此，人生的意義就是沉浸、就是陶醉、就是享受，享受一切你能享受的事物，有的人把這個概括為：人生的意義就是去更多想去的地方，吃更多想吃的食物，見更多喜歡的人，跟喜歡的人探索更多，做更多喜歡的事。

◆世界上只有一種愛，那就是愛自己

當自我跟某件事融合的時候，那一刻你就是享受的。

享受不是狹義上的吃喝玩樂，而是一種熱愛和投入，就是自己和某個客體建立某種聯繫，完成某種融合，成為一體。

陶醉是最高級的享受，這種享受也叫作愛。我們每個人的內心都有很多愛也有很多愛的衝動，正是這些愛的存在，讓我們的內心感受到生命的美好。當你去愛的時候，你也會發現，那一刻，生命充滿了意義。

自我就是愛，愛的過程就是投注自我的過程，活出自我也就是活出愛，因此也不存在愛需要回報的問題，所有需要被回報的愛都不是愛，那是投資。

愛也不存在我愛你的問題，因為那一刻你就是我的自我的一部分。我對你好，那時候我不是在愛你，我只是在愛我自己，是我借助對你好，體驗到了更好的自我。

比如說，愛一隻貓。你看到一隻貓很可愛，你會想去抱牠，此刻你不會去計較這隻貓是否會回報你，你只是單純地被牠的可愛所觸動，你想要為牠做點什麼，於是你伸手去抱牠，想要撫摸牠。

此刻，你看到了有愛心的自己，你內在的一部分正在為自己內心的柔軟而震撼。這時候，你不是在為這隻貓而做，這些都是外在形式，你正在為你內心的柔軟、悲憫、可愛而做。當你抱起這隻貓的時候，你體驗到了自我的美好；當你想去抱牠的那一刻，你們兩個在某種程度上成為一個整體，而你也開始陶醉於這個過程。那一刻，你不是在愛這隻貓，你是在愛可愛的自己。

比如說，愛一個人。你愛一個人的時候也是如此，你就是想為他做一點事情，你眼裡有了他，你看到了他的脆弱，想去關心他。當你去安撫他的脆弱的時候，你感受到的是有溫度、有力量、有勇氣、有同情心的自己，至於現實中對方所收穫的益處，那只是順便的事情。

你藉由對他的關心完成了自我的擴展，你看到了很棒的自己，你正在愛你自己。無法享受自在地愛他人的人，則會在關心別人的時候有目的地盯著結果、計算著結果，想著自己這麼做之後，會得到什麼樣的對待。

比如說，愛別人的優秀。當你看到了別人的優秀時，你會被他的優秀所觸動，會很自然地想去誇獎他，就像看到壯闊的山河一樣，自然而然地發出你的感慨。這是一種由衷的稱讚，在別人的優秀面前，你彷彿看到了造物主的神奇。

你在誇獎這個優秀的人的時候，彷彿你就是造物主，你和造物主成了一體。那一刻，你感受到了正在欣賞美好世界的自己，你在愛內心波瀾壯闊的自己，而不會享受美好的人則需要硬生生地為了討好別人而擠出幾句讚美的話。

比如說，愛一場電影。你去看一場電影，在這個過程中，你很快樂或跟著哭泣，你就是在享受這部電影。不是所有人看電影都是享受的，有的人是為了完成任務、完成工作而讓自己去看電影，他就會非常關注還有幾分鐘結束。

比如說，愛一份工作。你喜歡某件事情，你就去把它當成一項工作，然後去創造。這時候，你就跟工作有了融合，你就會開始享受這份工作。正如馬雲所說：「我對錢沒有興趣。」我相信，比起賺錢，他更享受自己的事業。那一刻，他不是在愛自己的工作，是在愛他內心對困難的挑戰，愛他對工作的征服，愛他所創造的價值。

所以，人生的意義是什麼？有愛的人，有愛的事。

成功的人生就是找到了愛的人，能夠為他付出；找到了喜歡做的事，能夠甘心投入，人生的意義就是愛。實際上，這並不是多麼艱難和高深的事情。每個人的人生都有過享受的時刻，每個人都曾體驗過意義感，只不過你不知道那就是意義。你在體驗到意義的時候，並不會思考這就是意義。

愛人、愛事，並享受其中，這就是人生的意義。

更簡單地說，人生的意義就是享受愛。

02 意義感是怎麼失去的

◆空虛感的來源

享受對很多人來說是一件陌生的事。很多人會選擇用吃苦來逃避，感覺並不能享受人生，反而苦難重重。他們會選擇讓自己經歷很多困難，讓自己非常忙碌，一方面感慨於生活的苦，一方面繼續這種苦。實際上，忙碌和苦也都是有一定意義的，其作用就是讓人不停地勞作，從而不會有時間去患得患失。

一旦吃苦的人停止吃苦，忙碌的人停止忙碌，他們將不得不面對迷失的自我，不得不面對內心的無意義感，繼而體驗到生命的孤獨和虛無。

我在「安全感」一章裡談過，孤獨的原因之一是害怕一個人，是恐懼感。這時候的孤獨就是一個人無法跟任何事、任何人建立關係，他體驗到的自己是一個孤零零的個體，他在這個世界上無人問津，無甚樂趣。

孤獨就是跟人、事、物都沒有連結，內心的愛無法投注出去，自我無法寄託。自我找不到寄託的客體，就會感知不到自己的存在，這種感覺就是虛無。

正在做事情不一定代表著你與它有連結，你的理性在強迫你做不喜歡的事，這時候你依然是孤獨的。跟人在一起也不一定意味著你與他有所連結，你的身體跟別人在一起，但無法投注愛，你依然是孤獨的。

反之，一個人待著不一定孤獨。即使你此刻一個人，沒有做任何事情，如果你心裡一直裝著你喜歡的人和事，你也會體驗到意義。「海內存知己，天涯若比鄰」就是心裡裝著摯友的豐盈感，亨利．梭羅的《湖濱散記》就是心裡裝著很多事的豐盈感。

所以，孤獨是跟外在無關的。

有的人很困惑，認為自己不能熱愛生活，不能愛他人，從而特別自責，覺得自己「愛無能」，對一切都沒有興趣。實際上，這時你需要心疼一下自己，這說明你跟外在是沒有連結的，你的世界裡只剩自己。當然，你不會在所有時候都跟這個世界沒有連結，也不會所有時候都有連結。所以人都是有時候孤獨，有時候幸福的。孤獨本身是不可被避免的，但我們可以在孤獨的時候思考如何減少孤獨。

◆恐懼讓人忙著去應對

我們做事情時往往有兩個動力：愛和恐懼。

愛就是我們內心喜歡這件事，所以想去做；恐懼則是我們必須去做這件事，不然可能會完蛋，我們靠近一個人時也是如此。有的人是因為愛，渴望靠近一個人，並在靠近的過程中體驗到滿足感；有的人則是因為恐懼，不得不靠近一個人，理由往往是，這是責任、對的、應該的事。

被恐懼驅動的人是不敢把自己的感受放在第一位的，也就是不敢把自己放在第一位。這樣的人不敢專注於自己的感覺，不敢為了開心、幸福而活。

而一個人之所以無法去享受生活，是因為他前面的基礎需求沒有得到滿足，他的潛意識一直在忙著確認：「我是安全的嗎？我是自由的嗎？我能做好嗎？」

比如看電影。你喜歡看電影嗎？如果你喜歡看電影並且要去看，你一定想要把看電影這件事建立在安全感、自由、價值感都滿足的基礎上。

如果這家電影院不安全，隨時都有可能會爆炸，隨時會有人突然搧你一巴掌，你就沒辦法安心觀影，因為你喪失了安全感。

如果你有一個「如果我有空閒，我就不能浪費時間」的信念，你可能會覺得看電影是一件浪費時間的事，你也就沒辦法開心地看電影了，因為你的自由已然失去了。如果你覺得這部電影太深奧，你就會不想去看電影，去了也不願意嘗試花精力去理解，免得自己更受挫，也就不會享受這部電影了，因為你的價值感早已喪失。只有你覺得安全感、自由、價值感都得到滿足的時候，你才有可能會享受那部電影，才能體驗到意義感。

在工作中也是這樣，如果你覺得這份工作賺不到錢、吃不飽飯，你就不會享受工作。如果你覺得這份工作不穩定，隨時會失去，你也就不會去享受工作。如果你覺得工作中不能出錯，必須跟同事搞好關係，必須讓上司滿意，那麼你也沒辦法享受工作。如果你覺得工作中你做不好，你肯定不行，就算做出成果也很垃圾，那麼你也享受不了工作。

比如說戀愛。很多人在談戀愛的時候會計較得失，無法全情投入，那可能是因為他們缺乏安全感，覺得少了一點什麼自己就會有危險；也可能是因為缺失了價值感，不相信自己能經營好一段有結果的關係。

所以，當你體驗到孤獨、空虛和虛無感的時候，你要先問問自己：此刻，你缺乏了什麼？是怎麼缺失的？

忙著滿足安全感、自由、價值感的狀態叫作生存，追求意義感的狀態才叫生活。當你的底層需求被滿足了，你就能從生存狀態進入生活狀態，就可以享受意義，你的眼裡就有了別人，關注的就不再全都是自己了。這時候，你就有了愛的能力。

所以，孤獨的深層原因就是不敢做自己，不敢跟著自己的感覺去生活，只能為了生存而不得不委屈自己。

◆愛是自我飽滿的結果

享受必須建立在前三者都滿足的基礎上，你願意陶醉其中，你才能體驗到意義感。愛只發生在一個人的底層需求得到滿足的時候，也就是說，當一個人去愛的時候，他首先要有安全感、自由、價值感。

他沒有擔憂，不為生存而焦慮，他就有了安全感，有了向外看的可能。一個缺乏安全感的人，注意力都在自己身上，都在想著怎麼保護自己，怎麼讓自己安心下來。

他身心合一，沒有自我強迫，就有了自由、能量去看外部世界。一個缺乏自由的人只能用理性去跟別人相處，而用理性無法感受到別人的喜怒。

他覺得自己是有能力的、是好的，自己的愛是能夠幫助別人的，這時候他才有了愛的動力。如果一開始你就覺得別人會嫌棄你，相信自己的行為會對別人造成傷害，那你就會沒有動力去愛。

所以，愛是自我飽滿的人才有資格去做的事。當一個人在某一刻有了安全感、自由、價值感，他才有了愛別人的可能，而自我匱乏的人只想索取愛，只想被愛。

愛是需要能量的，自我飽滿的人才有多餘的愛給予別人，自我匱乏的人只想從別人身上榨取能量。

很多人都在問要怎麼找到自己感興趣的事物，也羨慕別人能從事自己真正感興趣的工作。一個人之所以找不到自己感興趣的事，是因為他的注意力從來沒有在「我喜歡什麼」上，他無法找到自己內心到底對什麼感興趣，他的注意力每天都花費在了「如何獲得安全感、保證收入，如何做好、獲得別人的認可」上。

只要你還在為未來擔憂，為金錢擔憂，為安全感擔憂，為別人如何看你擔憂，你就不可能有精力去發現並重視你喜歡的事。

一個人去做自己喜歡的事，也多是在他處於自我飽滿狀態下。

03 找到意義感的方法

◆跟你的感覺在一起

體驗到意義感的唯一方式就是跟你的感覺在一起，跟著你內心的感覺去生活。

情感是我們跟這個世界連結的唯一方式，如果你無法專注於你的情感體驗，你就會體驗到跟這個世界失去了連結。孤獨是因為跟自己的感覺隔離了，而克服孤獨的方式就是感受你內心的情感。

孤獨與意義是相對的。前面我們講過，人生的意義就是愛，就是活出自我。實際上，你有很多時候都體驗過，但你沒有留意。有一個現象可以判斷你是否在為某個客體投注愛，那就是幸福感、喜悅感、開心。

你可以問問你自己，回顧你的前半生，你開心過嗎？幸福過嗎？喜悅過嗎？滿足過嗎？如果你活到現在，從來沒有感覺到開心，那你可以申請金氏不開心紀錄了。要知道，這和一直都很開心一樣難。

在愛的過程中，人會感覺到滿足感，那是一種很深的喜悅。

有的人說被愛也會讓人開心，其實不是的。坦然接受被愛的人才會感覺到開心，不能坦然接受被愛的人只會在被愛的時候感到恐慌、陌生，想要逃離。「坦然被愛」這種行為本身就是給付出愛的人的一種回饋，你的開心就足以讓真正愛你的人感到滿足。

愛是一種狀態，這種狀態人人都有，連街邊最可憐的人都有能力給別人愛，連最無能的人都會有喜歡做的事、熱愛的事，愛是能讓人感到滿足的。比如說你玩手機的時候，你很陶醉、很開心，那麼你此刻就在愛。

有人覺得玩手機的時候很空虛，一點都沒有意義。當你體驗到空虛的那一刻，你並沒有享受到玩手機的樂趣與開心，你只是在理性地告訴自己這是浪費時間，這是墮落，這是不對的，你拒絕感受自己那一刻的情感體驗。

所以，活出人生意義的第一步就是，你需要去回憶哪些事讓你開心、幸福、滿足、喜悅。你曾經對這些事很有感覺，但是你可能沒有在意過，對這些事的回憶和記錄可以增強你內心的確認感。

有的人有過很多開心和滿足的體驗，卻從來沒有把這些當一回事。你也可以問問你自己：開心對你來說是重要的嗎？在你的世界裡排名第幾呢？

對很多人來說，開心並不是最重要的，因為開心是一種感受，而很多人很難重視自己的感受。更多時候，人會執著於是否做對、是否應該，而非是否開心。

增強意義感的第二步就是盡可能地把你的體驗放在第一位。對你來說，是否有滿足感比是否正確更重要，當然你可以不用在所有時候都把感覺放在第一位，你只需要在社會允許的範圍內盡可能地把你的體驗放到第一位就可以了。

第三步，去做更多。當你的體驗變得更重要的時候，你就可以去做更多這樣的事情了，你就有了更多滿足感。

◆快樂的三個層次

一個人內心的衝動就是他真實的自己，是他真實的快樂，那是他感覺所在的地方。當你為自己內心衝動而活的時候，你就會覺得活著是一件幸福、踏實、快樂的事，如果你想活出你自己、活出你的生命力，其實就是找到你內心的感覺，找到你的衝動，喚醒你對這個世界的愛，而快樂可以治癒空虛感。

人的快樂有三個層次，你可以跟著這些感覺一步步尋找更高層次的感覺、快樂和愛。

一、第一層的快樂是感官刺激的滿足

當你跟隨感官的衝動刺激你的眼、舌、耳、鼻、皮膚等，你會感覺到一種很原始的快樂，包括吃美食、喝美酒、睡好覺、熬夜追劇、旅遊看風景、去遊樂場玩、菸酒茶咖啡癮等，這些都非常刺激。其中，追劇的刺激會把你置換在一個豐富的故事場景中，在幻想中感受到全方位的感官刺激。

這些感官的刺激很有滿足感，你只要跟隨你的欲望，在現實允許的範圍內，最大化地滿足自己就可以了。可是現在的人有時候很克制自己，想吃的時候不讓自己吃，因為會變胖；熬夜追劇的時候還反省自己，因為會傷身體；想去旅行要用錢限制自己，因為不能浪費錢。

克制自己固然有好的地方，能讓人在現實層面越來越好，但一直克制的結果是會一直得不到滿足感，便會漸漸迷失了自己。我也同意人不應該放縱自己，但我覺得人應該在安全範圍內最大化地放縱下自己，才能感受到快樂。

健康的狀態就是：有時候放縱，有時候克制。

二、第二層的快樂就是情緒被照顧的滿足

人是從什麼時候開始克制自己的感官衝動呢？是當你產生焦慮、罪惡感、自責等負面情緒的時候，這時候你可以選擇優先照顧自己的情緒，而不是感官。

打遊戲是一種感官刺激，很爽，但是當你覺得打遊戲打到很焦慮時，那怎麼辦呢？你要放下遊戲，開始去學習。這時候你還是保持克制，在克制過程中你會感到焦慮被安撫的愉悅感，你保持克制不是因為「學習是對的」這個道理，而是你想做點什麼來安撫自己的焦慮。同樣地，你選擇健身、早睡、節食都無關於對錯好壞，而是因為這些能安撫你的焦慮，帶給你滿足感。

有時候你會感覺到體內有些負面的情緒，你很難受。但是我要恭喜你，這時候你擁有了快樂的機會。當你的憤怒被在意、焦慮被安撫、恐懼被照顧、低價值感被安慰、孤獨被陪伴的時候，你會感覺到一種滿足感。你的情緒有多強烈，你的情緒被照顧之後就有多滿足，這就是情緒被照顧的滿足。

情緒被照顧有兩個方向，一個是自己照顧自己，一個是邀請別人照顧。這兩個方向都有同樣的前提——你的情緒，這非常重要，只有你覺得自己的情緒是一件重要的事，你才願意花心思去照顧它。

有的人會在自我脆弱的時候渴望親密，想談戀愛，想讓對方愛自己、想要被在乎、被關注。實際上渴望親密，就是人想要有一個人可以安撫自己的情緒。

當你的情緒被照顧，你會體驗到你在愛自己，會感到很踏實。

三、第三層的愉悅感就是精神層面的愉悅感

讀到一本好書、聽到一首好音樂、有了一個靈感、成功完成一件事情、做了一個公益專案等，這時候你會感覺到自己的人生在昇華，會感覺內心特別有成就感、意義感、存在感，這是第三個層次的愉悅。

情緒除了被安撫，還可以學習和被思考，在學習和被思考中，你會得到昇華的精神快樂。

當你焦慮的時候，你可以去學習、工作、健身，安撫自己的焦慮，這是第二層次的情緒愉悅。但是如果你去思考背後的心理過程，你發現到了焦慮深處的恐懼，你就

得到了昇華，感受到了生命的偉大和自己的艱辛，你就得到了精神層面的快樂。

當你孤單的時候，你可以透過喝酒去排解，酒精刺激你的神經，你在尋找感官快樂；你找人陪伴，你在照顧自己的情緒，得到情緒層面的快樂；你決定了去面對，你就跟孤單相處，思考孤單，領悟自己為什麼會孤單、孤單帶給自己的意義，你就得到了昇華，感受到了精神層面的快樂。

思考、讀書、聽課、心理諮詢、與他人聊天、冥想、藝術等方式都可以讓你收穫一些關於自己和這個世界的感悟，你去踐行這些感悟，做公益、幫助他人、創作、做專案，你對他人和事情投入你的愛，你也可以得到很大的滿足，那是你人生意義的所在。

你會體驗到一種存在的滿足感，那是你精神層面的快樂。

◆意義感來自過程，而非結果

我有一個朋友曾問我：「你覺得我學心理學，多久能變得跟你一樣厲害？」

我想了想，告訴他：「如果你學的目的是變得跟我一樣厲害或比我厲害，那你需要去思考一下你為什麼要學。畢竟，為了追求某種結果而做某件事情，一開始就註定了它的艱辛。」

我學心理學的十幾年裡，很少會去想要變得多厲害，更多的是在思考如何把我內心的感受和想法表達出來，分享給別人。我也在思考人性的奧祕，思考它是多麼的神奇，在這個過程中，「變厲害了」只是一個順其自然的結果。

為了追求意義而去做某件事情跟為了尋求別人的認可而做不同，這種成就感是你去做了，你就會感到良好，不需要透過別人的認可來證明什麼。

追求價值感的時候會總盯著結果，而追求意義的時候則是沉浸其中。

比如說看一本書，如果你總是忍不住想看看還有幾頁，希望這本書薄一點，自己看得快一點，希望能盡快看完，你追求的可能就是「我看完一本書」的價值感或「我要掌握知識，避免被淘汰」的安全感。如果你希望這本書的內容再長一點，最好別結束，或者你不在意這本書有多厚，你就是在享受讀書，你體驗到的就是意義感。

如果你正在做的某一件事情是為了某個結果而做，例如為了賺錢、名譽、穩定或其他，而非享受這件事情的過程，你會很辛苦。你會隨時都在擔心結果沒有達到預期怎麼辦？當你遇到挫折時，你會焦慮無法完成怎麼辦？當你不喜歡這中間的過程時，為了結果，你會逼自己。在這樣的過程中，你會忽視自己真實的感受和內心的聲音，效率也會變低。

如果你是享受這個過程的，就會變得不一樣。當你去做事的時候，你就是開心的，至於結果，那是其次。有個好的結果固然很好，沒有好的結果，你也想去嘗試，那麼這件事你做起來就是輕鬆、自然、專注的，反而可能做得更好。

「結果」有時候就像是握在手裡的沙，你越是想握緊，能握住的反而越少。當然，我不建議你強行享受這個過程，享受也是一個結果，它是底層需求被滿足後的結果。一個人之所以更在乎事情的結果而非過程，是因為這個結果裡寄託了很多需求。

比如說安全感。一個人會覺得，如果他做不出好成績，他就會有危險；如果他賺不到錢，他就會餓死。

比如說自由。如果他沒有把孩子教育成第一名，讓他考上一所好大學，他將來可能就得一直養著他。

比如說價值感。如果他不能像某某一樣優秀，他就不被人喜愛了，就是不好的。

想像一個處於飢餓狀態的人，他最想做的事情是什麼呢？他不會考慮怎麼玩、怎麼約會、怎麼做好工作，也不會去想是否喜歡這個食物，這道料理裡有什麼材料、是怎麼做的，他只想趕快有東西可以吃，他的饑餓狀態越強，想找東西吃的動力就越大。

吃飽了以後呢？他就有動力和精力去做別的事情了，他會想去好好愛他所愛的人，想去做他真正想做的事。

內心匱乏的人追求結果，內心充盈的人追求過程；忙著生存的人追求結果，享受生活的人追求過程；結果滿足的是人的匱乏，而過程滿足的則是意義。

有的人在親密關係裡說「不求天長地久，但求曾經擁有」，在做事情的時候會說「只問過程，不追求結果」。說這些話的人已經相信自己是安全、自由的，結果是好的，才會有精力去關注過程。

當你無法聚焦過程、喜歡過程的時候，你就需要先問問自己，此刻你缺了什麼，讓你執著於結果？

◆從意義的層面改善關係

當你在乎一個人時，就會有想留住他的衝動。留住一個人的方式有兩種：

1. 剝奪他的安全感，讓他離不開你。
2. 讓他覺得被吸引，從而留下來。

有的父母改善跟孩子關係的方式就是剝奪他們的安全感。比如說，青春期的孩子很叛逆，這個時期的孩子其實部分安全感被滿足了，這是父母好的部分。這個時期的孩子有了自由的需求，並且相信自己能做好一些事，想去嘗試，而很多父母對此很恐慌，就企圖剝奪他們的安全感，例如懲罰、威脅他，讓他體驗到做自己是危險的。

實際上，這樣的做法是無法有效改善關係的，只能讓孩子退回至底層需求。有效的方法是在意義的層面留住他，是幫他發現更愛的部分，發現你們共同熱愛的部分。

婚姻關係也是如此。有的人透過剝奪對方安全感的方式企圖留住對方，比如說用分手、離婚威脅對方，指責、貶低對方，告訴他如果他出軌就會怎樣怎樣，這樣的方式的確會讓對方內心有所恐懼，而被留住一時。

但真正長久的關係必須要兩個人找到共同的熱愛，你需要去發現你們之間的共同話題，享受你們彼此的生活，一起探索這個世界。不一定是去旅行，也可以是去發現生活中點點滴滴值得享受的部分——一起玩遊戲、一起看電影、一起研究育兒、一起研究麻將和電視劇，這些都可以是彼此的意義。

要做到這一點，你要活出自我，活出意義來。

04 原生家庭及育兒中的意義感

◆父母自己不愛這個世界

你能否能跟一件事有連結，很大一部分原因跟你的父母是否教會你有關。如果你的父母是懂得享受生活的人，他們就會帶著你一起去體驗這個世界的美好。如果父母喜歡這個世界，他們就會讓孩子去挖掘對這個世界的喜歡。但是如果他們在忙著生存，那你們就是三座孤島，各自忙各自的，每個人都在為了活下去、為了證明自己、為了逃避當下的痛苦而活著，無法產生連結。

有個媽媽問自己五歲的女兒：「你長大想當什麼？」

女兒說：「當醫生。」

對於一個五歲的孩子來說，他還不能完全理解什麼叫長大後，也不能理解夢想與職業，那一刻，他的內心充滿了想像和嚮往，因為「醫生」兩個字寄託了很多美好的事物。這時候，一個懂得傾聽孩子的媽媽就會問：「為什麼想當醫生呢？醫生哪裡好呢？你為什麼喜歡醫生呢？」

首先，在這個媽媽眼裡，工作應該是一件充滿探索、美好的事物，他才有能力去問出這樣的問題，才會想發現女兒將來想從事的職業是怎樣的美好。但是如果這個媽媽無法享受自己的工作，他就無法理解孩子內心的愛與美好。

這個學過心理學的媽媽知道要「認可」、「鼓勵」自己的孩子，他說：「當醫生好啊，工作穩定，收入高，受人尊敬，永不退休。寶寶真棒！」

當這個媽媽給予這些回饋的時候，孩子的內心就產生了混亂：「我該怎麼對待將來要做的事呢？難道想當醫生不是因為能幫助人，所以很快樂嗎？」媽媽無法確認自己內心所愛，孩子就會因為得不到媽媽的確認且受到了媽媽的干擾而產生混亂。

◆父母對孩子熱愛的剝奪

即使父母沒有帶著孩子去體驗這個美好的世界，孩子自己也會對這個世界充滿探索欲，他會想跟大地、跟植物、跟螞蟻連結，跟萬物連結，他會想去享受這個世間美好的一切。

人在剛生下來的時候，是完全懂得如何去愛這個世界的。在小孩子的世界裡，他不願意妥協，他想跟著自己的感覺去生活、去創造。對於他害怕的事，他會帶著小冒險的心情去做；對於他不喜歡的事，他會直接說「不」；對於他想要的東西，他會直接表達需求，他能透過不停的試探，知道自己能力的界限在哪裡。

然而，不幸的是，有些父母會阻止他去跟這個世界建立連結，他們會從有危險的角度告訴孩子這些、那些都是不安全的，例如泥巴是有細菌的，很恐怖的，不能玩；如果他們不想讓孩子喝果汁，他們會告訴孩子這瓶果汁已經過期了。

我小時候對一朵花感興趣，我的父母跟我說：「這朵花叫『打碗碗花』，隨便亂摘會打破家裡的碗。」從而打消了我對那朵花的興趣。

當父母在教育孩子什麼是危險的時候，孩子無法透過自我感知去體驗危險，他只能透過被教育知道那是危險，透過父母的表情知道那是危險。健康的教育應該是陪著孩子去探索危險的邊界，而不是盲目地對其進行恐嚇和威脅。

父母應該從正確的角度對孩子進行教育，告訴他哪些是不應該做的、哪些是應該做的，一旦有了要求，人對事情的興趣便會迅速喪失。正如很多人喜歡打麻將，但是如果將打麻將變成一種強制性的任務，比如每天必須打八個小時，贏的機率必須在百分之六十以上，找四個人盯著你打並隨時指正，你還會喜歡嗎？

並不是說孩子不應該有規則，健康的規則是父母陪著孩子去探索這個社會的邊界，看看怎樣會得到享受、怎樣會被懲罰，這時候孩子就會形成自己的規則。如果父母提前給予了過多規則，孩子就再也沒有機會去感受這個世界真正的規則是什麼了。

他們會告訴孩子他為什麼不行，當孩子還沒去做時，父母就會給出一個結論：「你肯定做不好。」即使孩子做好了，他們也會說「別驕傲，你這是僥倖」。他們有很多辦法暗示孩子沒有能力，從而讓孩子在面對一件新事物的時候容易不自信，從而不再去做了。

◆父母不懂得享受生活，孩子便不懂

對於不懂享受生活的父母來說，他們不僅自己不享受，還會阻止孩子去享受生活，讓孩子覺得享受是可恥的，只有忙著生存才是安全的，只有壓抑自己才是安全的，只有攻擊自己才是安全的。於是為了活下去，孩子不得不做自己不喜歡的事，忙著證明自己很好，從而忘記如何享受生活。

這樣的父母也不是故意的，更不是罪惡的。這樣的父母是可悲的，他們一直都是按照這種方式生活的，從來沒留意過享受為何物，也從未為享受生活而活過，單單是活著就消耗掉了他們畢生的精力。

但你可以決定要不要恢復對這個世界的愛。

Chapter 6
親密感

01 親密代表了匱乏被滿足的可能性

◆親密是什麼

我們每個人都需要親密關係，但親密關係是什麼呢？

親密的需求就是你需要一個人為你做一些事情，表達一種態度，讓你感受好一些，包括讓你看見、陪伴、理解、回應、關注、重視、尊重、認可、接納、支持等。

有的人想談戀愛，其實就是渴望親密，他們希望自己能被關心、被支持、被陪伴、被理解、被在乎。有的人努力變得優秀、得體、漂亮、才華，也是為了吸引他人能滿足自己被認可、關注、重視等情感需求；有的人會發脾氣，則是希望自己能被尊重、被重視一些。

當我們跟一個人產生矛盾時，首先是因為你不愛我，我情感需求沒有得到滿足。

比如在親子關係中，當媽媽因為孩子不寫作業而感到憤怒的時候，背後其實也蘊藏了愛的需求：「你為什麼不體諒一下我的辛苦，你沒看見我的付出嗎？」這時媽媽的情感需求就是體諒、看見。

有的人說，我不需要他愛我，我只需要他閉嘴。要對方閉嘴，不正是順從你、在乎你的表現嗎？一個想說話的人要為了你閉嘴，那不正是在乎你才能做出來的事嗎？也有的人說，我不希望他為我做什麼，我只想要他別再強迫我。讓一個好為人師的人克制自己不管你，那正是滿足你被尊重、接納的情感需求啊。

即使你跟陌生人之間產生矛盾，也是因為那一刻你沒有被愛。在矛盾關係中，當你遭遇了忽視、打擊、強迫，你很痛苦，那正是因為你想得到尊重、認可、關注等親密感而不得。

關係中的痛苦就是求而不得，就是我需要你給我親密感，可你為什麼不愛我呢？

◆親密是滿足自己匱乏之感的途徑

在不被愛的痛苦裡，人會執著於用自己的方式解決感情問題，卻很少思考自己的親密需求背後到底是什麼。如果想解決感情之苦，你可以追問：人為什麼需要被愛？為什麼會渴望親密？關注、重視、認可、理解，這些看起來虛無縹緲的東西有什麼用？

從底層需求來說，一定是從中獲得了實際的好處，人才會迷戀某個東西。人們迷戀親密，一定是從親密中得到了某個實際的好處，而這種好處就是滿足自我的匱乏感──我希望你能對我做點什麼，讓我感覺自己是安全的、自由的、有價值感的、有意義感的。比如：

一、關注

你需要他看見你，需要他把注意力放在你身上，需要他把目光指向你。他得以你為中心，不要總是沉浸在他自己的世界裡，不要關注與忙碌別的事物，不要對別的人和事更感興趣。

人想要受到關注，但關注未必是好的，有個人一直盯著你，有時候是一件很可怕的事情。如果你只是想要受到關注，在家裡裝個二十四小時監控更好，回家就會得到關注。其實，人想要的關注是有條件且特殊的關注，而非僅僅是關注，只不過人無法表達自己真實的需要，就用「關注」二字來統一表達了。

那麼，人想要的是什麼樣的關注呢？是那種積極、無條件、敏感的關注，而且是對你的需要十分敏感，並想滿足你的需要的關注。你的內在可能有一些無助感，你在害怕某些東西，你可能正在自我懷疑、自我否定，當他關注你的時候，他就有可能知道你的情緒並安撫它，就有可能知道你的需求並滿足它。

那些閉著眼、沒有關注、按照自己以為的範本給出來的付出並不能被稱為愛，比如有的男人總以為女人需要錢，於是只會拚命賺錢，以為這就是愛。其實在這種盲目的付出裡，因為缺少了對對方的關注，便無法給予對方實際的滿足感，也就無法滿足對方被愛的需要。

二、重視

你想要對方把你放在比別的人、別的事更重要的位置上，甚至於你在競爭，想在對方的世界裡完成你是不是最重要的競爭。當你在對方的世界裡排名第一的那一刻，你就感受到自己被重視了。同樣，一個人非常、非常需要你也是在重視你，顯然你想要的不是向你索取的這種重視，而是可以對你付出的重視。

這種重視有什麼特點呢？就是可以給你關注。當他覺得你比別的人和事更重要的時候，他就有可能給你關注。所以，重視的原因是希望得到關注。

在你眼裡，如果工作比伴侶、孩子重要，你就不可能去關注到伴侶和孩子的需求，更不可能給他們實際的愛。如果在你眼裡，理想比實際中的他們更重要，你也無法給予現實中的孩子和伴侶關注，很多重男輕女的家庭就是如此。他們都以為這個男孩子被重視了，實際上被重視的只是父母想像出來的男孩子，這個真實的男孩子則是被忽視的。

三、關心

當他關注你之後，就有了主動跟你連結的可能，就有可能會主動詢問你有哪些困難、有什麼需求，可以怎麼解決等，這樣你就有了應對困難和危險的力量。

僅僅是關心並不是你想要的，如果你需要，你可以設定一套程式自動關心你吃飯了沒、有沒有喝水、睡得好不好。機器程式關心你的程度絕不遜於任何人，但你不想要這種關心，因為這種關心僅僅是關心，關心完了，並沒有可以解決問題的方案。

你想要的關心其實是：問問我有沒有什麼難題，我沒有的時候止步於關心就好。萬一哪天我有了什麼困難，你關心之後就可以隨時幫我解決困難，這時候我就能感受到來自你的支援和幫助，這才是有意義的關心。

所以人想要關心，其實是想要一種被支持、幫我應對困難的可能。

四、理解與體諒

如果要幫你解決問題，就要先弄清楚你怎麼了，但是當對方問你的想法和需求的時候，你也不一定能表達得清楚。

在你心裡，很多難受的感覺都是一個模糊的存在，你需要對方瞭解你這些難受的感覺，你不需要用力表達，對方就可以知道你是怎麼想的，並且知道為什麼這麼想。你也沒辦法說清楚為什麼會這樣，但他得知道為什麼會這樣。你只能知道你很不舒服，但他要知道你為什麼不舒服，這時候你就感受到了被理解。

理解之所以讓人舒服，是因為透過被理解，人的感受清晰了，自我認知清晰了。難受的感覺一旦被聚焦，難受就會變得可承受，所以理解是為了化解人內心的難受，而在愉悅的時刻，人是較少需要被理解的。

理解就代表了問題有被解決的可能，理解也代表了他不會責怪你、會體諒你的可能，而他體諒你，你就不會覺得自己很糟糕，你也不會被他懲罰。

五、接納與尊重

知道你的想法和需求並不夠，他要能從你的角度認同你的想法是合理的，他不會評判你，並認可你做的是對的；不控制你、要求你，允許你做別的事；知道你的實際困難，從而有可能幫助你解決。

接納就是允許你就是這樣的，允許你有小脾氣、大脾氣、暴脾氣，允許你好吃懶做、遊手好閒，允許你長得矮、長得醜，那你就不用嫌棄自己並獲得價值感，也就不用改來改去，甚至你可以去做你喜歡的事，得到自由。他接納這樣的你也就不會離開你，你也不用擔心自己要一個人過，不必擔心沒有安全感了。

接納是尊重的前提，而尊重是更高級的接納。接納是他允許你，尊重則是他認為你這樣和他一樣高級。

他希望你做家事，而你希望自己出去工作，這時候兩個人的需求產生衝突，他就會強迫你在家做家事。他希望你早點去相親，你希望自己慢慢找，兩個人的需求產生衝突，這時候如果你拒絕他，你就會內疚；如果你順從他，你就會心有不甘。

每個人的內在都有一個邏輯：當別人不開心，我就要照顧他；當別人有要求，我就要順從他。這時候你體驗到了不自由，但如果他尊重你，你就不必順從他，而是可以去做應該做的事，你也不用非要去改變，做你不喜歡的事了。如此，你就能在不打破自己邏輯的前提下，藉由被接納和被尊重感受到了自由。

六、認可

認可就是把你身上好的部分回饋給你。當他關注你、重視你、接納你、理解你、尊重你，他就可能會發現你做得好的地方或者發現你這個人好的地方，並且以語言或其他方式傳遞給你讓你知道，這樣你就能體驗到一點價值感了。

但人並不是需要和喜歡所有的認同，一些你自己都認可的地方，別人的認可是沒有意義的。人在價值感低時才會需要被認可，你價值感高時，只會覺得別人的認可是溜鬚拍馬、老生常談，所以對認可的需求，就是為解決價值感服務的。

七、支持

支援就是希望有人為你提供某種幫助，你可能會感受到自己正在面對一些危險和困難，你感到很無力，需要有人幫你。比如你在工作中有些專案搞不定，你在這裡感覺到巨大的壓力，快要堅持不下去了，這時候有人支持你，你就會擁有安全感。

你可能有自己更想做的事，卻被當下的事情纏身，比如有的媽媽不能去接孩子放學，因為他有工作要做，這時候如果有人支持他、幫助他，他就可以不用糾結了，從而有了自由的空間。

你很想完成某件事情，但你自己沒有能力，特別挫敗。如果有一個人能給你支持，你就會覺得自己能完成這些事，從而體驗到價值感、安全感或自由感。

八、陪伴

陪伴就是願意花時間跟你在一起，說一些讓你舒服的話或做一些讓你舒服的事。不是旁邊有個人就叫作陪伴，不然假設有一隻老虎在追你，你也可以說是被陪伴了。陪伴有時候是互相陪伴，有時候則是單向陪伴，是我陪你或者你陪我。

在給你關注、理解、重視、尊重等親密感的前提下給予的陪伴才是你想要的陪伴，他在你身邊給你親密感時，你會體驗到被陪伴；他給你親密感的時候，你也會感覺到被陪伴。

在這樣的陪伴下，你的脆弱就有可能被安撫，你的困難就有可能被幫助，你的恐懼就有可能被照顧。在陪伴裡，人會擁有其他一些親密的感覺，但嚴格意義上來說，陪伴更像是一個動作，而非親密的心理需求。

◆ 親密是融合，是想透過別人成就更好的我

如果你仔細去感受，你就會發現，我們之所以需要某種親密，是因為這種親密代表了需求被滿足的可能性。他願意給你某種親密，代表了他願意進一步滿足你的需求，透過親密，你可以得到安全感、自由和價值感。

親密只是途徑與工具，並不是最終需求。當我們渴望親密的時候，這只是一個假像，其實真正的內在邏輯是我們渴望透過親密填補其他需求。反過來說，也可以驗證一下：如果一個人只給你關注，就靜靜地看著你，不給予支援也不給予理解，你會覺得開心和滿足嗎？如果一個人給你足夠的認可，告訴你你很棒，你做這些事情真的棒，但是不會再為你多做任何事，你會覺得被愛嗎？如果有個人接納和允許你，說你做得很好，做什麼都行，反正跟他沒什麼關係，你會有什麼感覺呢？

只給予關注、重視、尊重、認可等親密感，沒有進一步滿足你的其他需求是沒有意義的，你不會滿足於這種親密，這是一種只走了第一步而沒有走到第二步的親密。

人與人之間有兩種相處形式——獨立與融合。獨立就是你是你、我是我，我們在事業上彼此合作、在想法上彼此交流，我們是兩個不同的個體，我對你沒有控制權；融合則是我把你當成我的一部分，覺得你應該成為我的一部分。

當我們跟一個人親密的時候，我們就沒有辦法再把他當成獨立的個體了，我們會跟一個人融合、共生，希望他成為我的延伸、我另外一個強大自我，讓他為我服務，其表現形式就是他要認可我、接納我、關注我、支持我等，滿足我內心的匱乏感，透過所給予的親密感，我就成為更好的我了。

所以，親密的作用就是擴充自我，而親密的意義也就是幫我們變成更好的自己。

◆親密是理想化，是你比我強大

感情是需要理想化的，我要把另外一個人想像成一個很厲害的人，然後才能向他要求愛。

你無法向一個比你更弱的人要求愛，即使是嬰兒，你也會把嬰兒想像成有能力控制自己哭聲的人，才會跟他說「不要哭了」，你也需要把他想像成有能力體諒你的人，才敢對他提出要求。

當另外一個人的強大程度可以承載你的需求的時候，他便有能力做出一些親密的動作滿足你的親密需求，但是如果他感受到你的需求超出了他的承受力，他就會感受到被吞噬的壓力，會想要逃跑、反抗，因為他想發出吶喊提醒你，我不是你想像中的那麼強大的有力量的人。

02 一個人是怎麼拒絕被愛的

◆拒絕愛的邏輯

一個人只要拒絕愛，就會得不到親密感。

有的人覺得很無助、很孤單，覺得自己沒有人愛，實際上我們所有人都是被愛的。

一個人體驗不到被愛，不是因為沒人愛，而是因為拒絕了愛。

人就是這麼矛盾，一方面需要愛，一方面又拒絕愛，而一個人拒絕愛的邏輯就是「只要你沒依照我期待的樣子去做，只要你沒讓事實依照我期待的樣子發生，這統統都能說明你不愛我，說明你不在乎我、不重視我、不認可我、不喜歡我、不……」

具體方式有以下幾種：

一、泛化：把不愛的時刻，當成不愛我

沒有人能在所有時候、所有事情上都是愛你的，別人不是你的蛔蟲、不是你的僕人，他們有他們的局限性，無法給你足夠的愛。也許此刻對方沒有把注意力指向你，沒有關注你，這時候你可能只要提示他一下，他就會願意重新給你愛。

很多時候，我們與他人的關係處於一種不作為的懸浮狀態裡，沒有刻意去愛，但不代表不愛。當你想要證明自己不被愛的時候，你就會把一切沒有正在表達愛的時刻都解讀為不愛，會把別人的不作為解讀為不愛，這時候不被愛的邏輯就是「你沒做A，就是不愛我」。比如說：

「你不送我禮物，就是不在乎我。」

「你不主動道歉，就是不重視我。」

「你不回我訊息，就是不重視我。」

「你給弟弟錢卻不給我錢，就是不認同我。」

使用泛化模式來拒絕愛的人，需要明白一件事——愛不是二十四小時發生的。對方沒有表達愛有很多可能性，有可能此刻他比較疲憊，無法給你愛；有可能是沒有意識到你的需要，所以不想給；有可能是對你有些意見，不想給；更可能是對方沒有這個意

思，你卻這麼認為了，但這些並不意味著他就不愛你這個人了。

你可以去認真核對一個公式：我觀察到你沒有去做××，你就是不在乎我。

但是是這樣嗎？

二、扭曲：把多面的行為，只解讀為不愛

也許對方正在做一些傷害你、負面的行為，當一個內心感覺自己不被愛的人就會把別人無意識的傷害解讀為不愛，這時候人的邏輯就是「你做了A，就是不愛我」：

「你要求我做××，就是不尊重我。」

「你指責我，就是在否定我。」

「你回到家就躺在那邊休息，就是不重視我。」

某種行為的確構成傷害，但這不影響其中也包含著親密，尤其是親密的人之間，常常是有一顆想為對方好的心，卻以傷害的形式表達。實際上，每件事都可以往好的方面解讀，也可以往壞的方面解讀。你可以觀察一下你的習慣，是習慣往好的方向解讀，還是習慣往壞的方向解讀呢？

對於使用扭曲心理拒絕愛的人，他們需要學會的是不再把某某行為和不愛掛鉤，

稱之為解綁。解綁的過程就是重新建構的過程，他們需要找出某個行為至少三種解釋，比如說，一個最難的邏輯是「他指責我，就是否定我、不認可我」。通常我們覺得指責肯定是否定的，可是對於指責，除了解釋為「否定我」之外，還有哪些可能性呢？

「他指責我，是希望我認可他。」

「他指責我，是想讓我關注他。」

「他指責我，是想告訴我，這件事應該用另外一種方式做。」

「他指責我，是因為在外面遇到了不順心的事。」

「他指責我，是因為心情不好。」

「他指責我，是因為我比較安全，他相信我能承受他的情緒。」

當你發現另外一些原因的時候，不被愛的體驗就會弱很多，甚至會感受到自己處於被愛之中。

三、忽略：對愛的時候視而不見

有的人只對負面的訊息感興趣，別人對他好的時候，他會選擇性忽略；別人對他不好的時候，他會特別認真。

中國法學家羅翔曾經在社交平臺上因為一句話而被網友持續攻擊、辱罵，當時羅翔很傷心，覺得自己不被認可。

有人就問他：「如果別人給你很多讚譽，你覺得適合嗎？」

羅翔說：「我肯定愧不敢當。」

那人接著說：「別人對你的批評，你怎麼就深信不疑呢？」

那一刻的羅翔只注意到了批評，對自己好的部分、被認可的部分完全忽略，所以才感受到了自己是不被認可的。

有的人說自己的老公不負責任，一點都不在乎家，我就會問他：「請問你老公是所有時候都不負責任嗎？如果不是的話，那你注意的是哪些時候呢？」然後我就會發現，這些人會忽略掉自己被在乎的時候，只注意到不被在乎的時候。

有的人說：「我發動態，總是會有人罵我。」請問你發社群動態的時候，所有人都在批評你嗎？肯定不會是所有人。有的人可能沒看到，有的人沒有評論，有的人表達了認可，只是部分的人批評你而已。這樣的人關注點很有趣，他只對負面的現象感興趣，這就說明他只對不被愛感興趣，對被愛沒有興趣。

有的人則會覺得，不被愛的時候是大多數，但是大多數並不是全部，被愛的時候也不是零，但在感知裡，怎麼就變成「沒有」了呢？

愛是這樣的，當你看到有愛的部分的時候，愛就會更多；當你注意到沒有愛的部分時，愛就會更少。這個原理其實很簡單，如果一個人給了你愛，你發現的時候，就會充滿欣喜、感恩，你的反應也會回饋到發出愛的人，讓他接收到。

我們把愛給別人的時候，激發了別人的信心和感激，我們自然就會願意做更多。反之，如果我們付出的愛投注到對方身上以後，他就像個黑洞一樣毫無波瀾，我們就不會想做那麼多了。

使用忽略心理來拒絕愛的人，其內在邏輯是這樣的：「他只要在某個地方不愛我，就是全部不愛我；只要在某個時候不愛我，就是全部不愛我。他有愛我的地方，也有不愛我的地方，但只要他不是所有時候、所有事情都愛我，就叫不愛我。」

因此，使用忽略心理拒絕被愛是因為對他人的要求太過理想化了，這種人在潛意識裡對愛的需求是所有時候、所有事情都要給他愛。

使用忽略心理拒絕愛的人需要看到的是「愛與不愛同在」。此刻，他沒有給你想要的愛，不代表他所有時候都不會給。既然你沒有離開他，就說明他是給過你很多親密感的，你可以就事論事地分析，這次他沒有給你，但不能說明他是不能給你愛的人。

你要承認的是，一個人有的時候對你好，有的時候對你不好；有的地方對你好，有的地方對你不好。

那他是對你好，還是不好呢？

四、攻擊

想要被愛，最好的方式就是求助，直接告訴對方自己想要的是什麼。

因為你想要被愛是一個索取的過程，就像借錢一樣，你希望對方給你一點錢，那你好好說話、客客氣氣地去求助，這樣你得到幫助的機率就會大很多。只要對方跟你無仇無怨，而且有能力滿足你，多半都會滿足你的需求。

但潛意識裡不想要被愛的人呢，就會選擇用攻擊的方式去索取愛，用攻擊的方式表達需求，比如說抱怨、指責、嫌棄、報復、懲罰等，覺得對方不給愛是錯的、壞的、不應該的，是該遭受懲罰的。

這時候，一個人求愛的邏輯就是「我攻擊你，你就應該向我妥協和屈服；你不妥協和屈服，就是不愛我」。使用這種方式來求助會怎麼樣呢？對方本來想給你的，因為被你攻擊而無法給你了。

被攻擊的人不一定是不想給你愛，只不過當你攻擊他的時候，被攻擊的人第一要務是保護自己。當你發起攻擊的那一刻，其實你是受傷的，你很需要對方，但他無法看到你的需求，他沒有多餘的精力看到你，他只會先看到自己受傷，並且安撫自己。

被攻擊的人安撫自己的方式就是反擊、逃離、冷漠，這些動作又會對你造成攻擊，這時候你得到的愛就會更少，甚至幾乎沒有。在不被愛的時候，你又會反擊，於是你們會相互攻擊，愛越來越少，而冷暴力也是攻擊。

什麼叫攻擊呢？攻擊是一種讓別人難受的方式。你用讓別人難受的方式來求助，結果就是人家本來有那麼一點愛的動機，也被你攻擊到消失了。

我看過一幅漫畫，一個角色說：「我覺得沒人愛我。」

另外一個角色說：「我愛你。」

第一個角色說：「那我打你一頓，你還愛我嗎？」他暴打一頓，那人果然不愛了。

第一個角色又說：「你看，果然沒人愛我吧。」

被愛的前提一定是保護好愛護你的人，古人說：「為眾人抱薪者，不可使其凍斃於風雪。」意思就是，你得保護那個保護你的人，你想要得到某個人的愛，無論他做錯了什麼，你都得先保護好他的感受，你才能得到他的愛。

記得，不能使用攻擊的方式指出他哪裡錯了，這是拒絕愛的行為，這種人需要學習的是使用良好、真誠、直接的方式去求愛。

◆我的本質就是不值得被愛的

有人會好奇，人為什麼要拒絕愛呢？因為這樣符合他內在不值得被愛的人設，這時候拒絕就變成了自我保護：「如果我不能確定愛的持久性，我寧願不要。我的內心就是不相信自己值得被愛，如果我接受了你這次的愛，我依賴你了，怎麼辦？你說拿走就拿走，說不愛我就不愛我了，我該怎麼活下去呢？」

就像一個乞丐一樣，對他最大的懲罰不是貧窮，而是給他一個月的暴富。不過你是一個比較明智的乞丐，你很懂得克制，絕不會去享受這一個月的暴富，除非有人能向你保證財富是永遠的。但其實，別人向你保證了你也不會相信，因為他怎麼保證呢？

貧窮是一種習慣，在這種習慣裡，人會感到安全。不被愛也是一種習慣，在這種習慣裡，比偶爾被愛安全多了。既然是習慣，你就可以知道這種習慣是怎麼形成的了。

習慣來自經驗，如果一個人從小到大體驗到的就是不被愛，那麼不值得被愛的感受就會成為一種習慣。在跟爸爸、媽媽的互動中，很多孩子從小就不被關注、不被重視、不被尊重、不被理解、不被接納、不被支持、不被認可，在爸爸、媽媽無數次的催眠和眼神裡都寫了一句話：「我是不值得被愛的。」

在爸爸、媽媽的世界裡，比孩子重要的東西有很多，可能工作更重要，可能是另外一個孩子更重要，可能是他們理想中的孩子更重要，是他們自己的情緒更重要，是親人的安危更重要，這時候孩子體驗到的就是自己不夠重要，自己不被重視。

每當爸爸、媽媽跟孩子溝通時，他們總是說：「你應該這樣，你怎麼可以那樣，如果你不這樣就會怎樣，你就是一個什麼樣的人。」太多父母擅長表達、輸出，較少有父母擅長詢問、傾聽，但是關心的前提就是詢問啊，父母若從來不問孩子怎麼了，孩子體驗到的就是不被關心。

這種表達經常以強勢命令開始，以孩子不得不執行結束，這時候，孩子體驗到了不被尊重、不被接納。以否定開始，以父母的耀武揚威結束，孩子體驗到的就是不被認可，在這樣的環境下，一個人怎麼敢再輕易地相信自己可以被愛呢？

他也不是沒嘗試相信過，也曾經無數次希望過，但從小到大，每次希望帶來的都是失望，他都失望一萬次了，你要怎麼讓他相信第一萬零一次呢？

長此以往，孩子的內心就會形成「我是不值得被愛的」的固定認知，然後他會把這種認知帶到成人的世界裡，再次在成人的關係裡體驗不被愛。

所以，親密感匱乏的本質邏輯就是「我不值得被愛」。

◆我可以不需要親密嗎？

解決親密感需求的方式就是獨立。說到這裡，有人可能會有疑問：「那我不依賴別人可以嗎？我是不是能自己滿足自己的所有後，就不需要感情了？」

恭喜你，如果你能做到完全自我滿足，那你基本就處於大徹大悟的狀態了，但這對你我來說都有點困難。

首先，人有脆弱性，這讓我們必然需要他人。在絕對理想的狀態下，如果一個人什麼都能自己搞定、完全獨立的話，他就不需要感情。但是，一個人沒辦法在所有時候把自己所有的需求都照顧得好好的。

實際上，你我皆凡人。人的脆弱具有必然性，沒有人能每天二十四小時都堅強，更沒有人能完全克服自己遇到的所有困難，這決定了我們不可能澈底不去依賴別人。

人之所以是群居動物，實際上就是因為需要透過與他人結盟、借助他人的力量，來實現補充自我的可能。

依賴並不是壞事，不切實際的依賴才讓人痛苦。而不切實際的原因有以下兩種：

1. 人不對：你把依賴投注到了不恰當的人身上，就會依賴失敗。這種感覺就像是向窮人借錢，失敗的機率很大。
2. 方式不對：你需要對方，卻用指責、講道理、付出、綁架、幻想等方式讓對方體驗到壓力，那麼他拒絕你的機率也很大。

依賴別人本身不會痛苦，反而是愛自己的一種表現，只不過過度依賴的時候會求而不得，人就會感到痛苦了。那怎麼衡量過度呢？就是對方給不出來、不願意給，這就叫過度。

親密關係中的痛苦就是，你想要依賴對方，而對方不能被你依賴，你還放不下。你不會愛自己，你就特別需要對方來愛，可是對方還是不願意，你就只能痛苦。

解決親密關係痛苦的方法就是，當對方不願意滿足你的時候，你得學會滿足自己。注意，是只有在自己得不到滿足的時候自己滿足自己而已，不是所有時候都需要這樣。

有的人是假性獨立。假性獨立就是他沒有依賴別人的能力，他不得不把自己封閉在一個小圈子裡，來讓自己好受一點。那不是獨立，那是一種假性的獨立，他只是喪失了依賴別人的能力。這種人維持正常的生活是非常辛苦的，因為別人都是集體作戰，他是單打獨鬥。

其次，正常人的親密感就是流動的。

我們每個人都需要親密感，這種說法又有一些例外。我們每個人有很多時候是不需要親密感的，我們有時候更喜歡自己待著，安靜地做自己喜歡的事。

親密的需求本來就是變動的，一個人所需要的安全感、自由、價值感、意義感都是隨時隨地變化的，在不同時候、不同事情上、不同狀態下都是不一樣的。

我們前面講過，人不是所有時候都處於親密感匱乏狀態。比如說，一個人平時安全感很強，當有一隻老虎在追他的時候，他的安全感也會喪失，但他在咖啡館安靜看書的時候，安全感可能又很高，因此，人對親密感的需求是變動的。

你會發現，當一個人狀態很好的時候，他是沒有那麼需要感情和關係的，他自己待著、做自己的事就非常圓滿。那一刻，他既可以去愛別人又可以愛自己，也可以愛這個世界，但是當他狀態變差的時候，他就開始渴望從某種關係中得到拯救和解脫。

當一個人狀態差的時候，他內在就有一種焦慮和躁動，無法自我安撫，需要透過他人為他做點什麼來安撫，這就是我們對親密感的需要。那一刻，他的獨立性已經不足以實現自我安撫了。

當一個人開始渴望親密感的時候，他內在有一部分就已經體驗到了匱乏感。一個人對親密的需求感越強，說明那一刻內在體驗到的匱乏感越強，因此透過觀察他對親密的需要，我們就能知道此刻他的感覺並不好，甚至知道他很脆弱。

越是虛弱的人，就越是想依賴別人。

雖然我們有能力自我滿足，但也不必非要自我滿足。當我們有能力滿足自己的時候，一定要去自己滿足自己嗎？不是的。愛自己的方式之一，絕不是什麼都自我滿足，而是使用恰當的方式來滿足自己的匱乏感。即使我們有能力自我滿足，也沒必要什麼都自己做，什麼都靠自我滿足，這樣的人特別辛苦，且看起來特別傻。

我們依然需要別人的愛，而健康愛自己的方式是在「自己為自己做」和「依賴別人滿足自己」之間找到一個靈活的平衡，兩者都要會。

在對方滿足你需要的時候需要他，在對方能滿足你的地方需要他，在能滿足你的人裡面有他，然後在不能被滿足的時候，自己滿足自己。

「自己愛自己」和「別人愛自己」兩者相組合的方式才是健康的關係模式，就像油電混合車一樣，在適合用電的時候就電發動，適合用油的時候就油發動，也是性價比最高的方式。

選用恰當的方式來讓別人滿足你、選擇能夠更容易滿足你的人，也是為自己的需求負責，是愛自己的一種方式。誰說吃麵包，就一定要自己種小麥？但你總不能不花錢就搶小麥，或者去豬肉店老闆那裡買麵包吧？這兩者之間也是有先後的，先盡可能地從他人那裡尋找滿足，在求而不得的時候再轉向自身。

03 解決親密之苦的方法

◆找到情感需求

當你感覺到親密感匱乏，你需要做的第一步就是找到你需要的情感需求。當你感受到被忽視，你需要的就是重視；感受到了被否定，你需要的就是認可；感受到了被控制，你需要的就是尊重；感受到了被冷漠，你需要的就是關注、支援等，你需要從一個具體的事情中找到背後的情感需求。當你釐清情感需求之後，接著就需要進一步思考：這是真的嗎？還有哪些可能性？

一位同學說：「我老闆說我不夠自信，不夠果斷。」這是一個具體情況，我們需要找到的就是情感需求是什麼。我們可以問：老闆這麼說的時候，對你來說意味著什麼呢？

這位同學說：「我覺得老闆在否定我。」

很簡單，他的邏輯就是「老闆說我不夠自信、不夠果斷，就是在否定我」，乍看之下沒什麼問題，確實是否定，但你如果換到老闆的角度來感受一下，你就能感受到這個未必是否定，有可能是老闆表達擔心、支持、幫助、在乎、重視的一種方式，可能是他的語重心長，而老闆之所以會彆扭地說這些，恰好是一種認可的表現。

還有一位同學說：「我才抱怨一下老公，他就生氣不理我了。」在這個情境中，我們需要找到老公這個行為對這個同學來說意味著是什麼樣的情感需求。這個同學感覺到很委屈，覺得自己就是隨便說說，老公反應就這麼強烈，他覺得自己不被接納，覺得自己以後說話得小心翼翼的，不然不知道老公什麼時候就會生氣。

這位同學的邏輯就是「我抱怨了一下，老公卻生氣不理我了，就是不接納我」，簡單表達就是「老公生我的氣，就是不接納我」。老公生氣也許是因為真的不想接納你的抱怨，但是還有哪些可能性呢？還有可能是因為老公覺得跟你溝通有壓力、想逃避，可能需要你主動哄哄，滿足他被重視的需求。

找到其他理解的可能性，你就不會陷入「我不被愛」的執著裡了。如果你找不到其他理解的可能性也沒有關係，你可以直接去問對方：「我看到你，我感覺到了不被愛

（或是尊重、在乎、關注、重視、支持等），你能告訴我為什麼嗎？」

你也可以直接表達你的願望：「我很希望你可以尊重（或是接納、支持、認可）我，如果你做××，我就可以感受到。」需要注意的是，你需要詳細地告訴對方，你希望他怎麼做你才可以感受到被愛，如果你只是說「我想要被關注」，這個是沒人聽得懂的，對方很可能覺得自己已經很關注你了。

◆找到親密背後的匱乏

感情的本質就是兩個字——依賴。

感情中的痛苦就是求而不得，求而不得的意思就是依賴失敗，因此，解決感情痛苦的方法就是解決依賴。具體來說就是，你在依賴什麼？

你需要深入地問自己，此刻你的內在匱乏的是什麼？你始終要知道，你想要的不是關注、重視、認可這些親密的需求，而是你內在有一個價值感、自由、安全感的匱乏感沒有得到滿足，問的方法就是：「他不做××對你來說會發生什麼？有什麼不好？」

比如「老闆說我不夠自信，就是在否定我」，這裡面需要的親密感是認可，但老闆的認可有什麼用呢？老闆不認可你又怎樣呢？在這個同學的內心世界裡，還發生了一串故事：老闆不認可我，就會隨時讓我走，我就會被公司淘汰，這就說明我很沒能力。

在他的世界裡，老闆的認可代表了自己的價值感被滿足的可能，因為老闆的否定會帶來一件能剝奪自己價值感的事——我被淘汰，而基於「我被公司淘汰，這代表了我沒能力」這個邏輯，他的價值感就澈底喪失了。

因此，對這個同學來說，他應該開始嘗試著去解綁，當他不再把被淘汰和沒能力相連結的時候，也就不會再怕被淘汰、被老闆否定了，大不了最後再找個工作而已。

還有同學會責怪媽媽為什麼要強迫自己做不喜歡的事，我們可以嘗試去找到背後的親密需求。如果你有這樣的困惑，你可以深入去問自己：「他不尊重我，又怎麼樣呢？背後的匱乏感是什麼呢？」然後你就可以找到：「他不尊重我，我就必須去按他說的做。」那麼此刻，你就少了自由。

匱乏感的邏輯是「媽媽要求我，我就必須去做」，遵循了「一旦A，我就必須B」的模式，這時候你只要解綁這個邏輯就好了：「媽媽要求他的，你做你的，他的強迫就無所謂了」。

如果你有有用的新方法來滿足匱乏感，自然就不需要親密感了。方式包括：

1. 解釋：跟對方澄清你為什麼想要他重視你，這樣你可以確認他不會離開你，會一直喜歡你，你就不用一個人去面對世界了。你要告訴他，你覺得一個人很困難、很害怕，你一個人無法生活，所以你需要他一直在，這樣主動進行溝通可以增強對方安撫你的可能性。

2. 獨立：獨立是更好的方式。當你每次求愛不得時，你的內心都會說：「此刻，你需要獨立一點了。」你渴望依賴，但是此刻沒有依賴，你渴望有人能安撫你的匱乏感，可是此刻沒有人為你這麼做。那麼此刻正是一個機會，你可以回歸內心重新看看自己缺了什麼，然後思考如何為自己解決問題。

你可能很怕一個人待著，所以你需要抓住一個人，因此你需要深入問下去：一個人有哪些危險呢？可能養活不了自己，可能解決不了困難，那你還有什麼方法可以安撫自己的這些害怕呢？

回到「安全感」這個章節，我們就可以找到很多方法：可以小冒險，試試一個人待著，看看有哪些危險；可以求助，看看身邊還有哪些人可以陪自己，能夠在自己艱難的時候給自己幫助，以及其他方法。

當你能找到安撫自己不安的新方式時，你的獨立能力就會大大增強，你對親密對象的需求就不會那麼迫切了。

這時候，他是否重視你，也就不會影響到你了。

◆停止拋棄自己，先跟自己親密

從別人那裡得到的親密感終究是有限的，即使你非常優秀，即使你很愛對方，你從對方那裡得到的親密感依然是有限的。不僅從對方那裡得到的親密感是有限的，你從所有人那裡得到的都是有限的。這有兩方面原因：

一、對方是有限的存在

在感情中，我們容易將對方理想化，認為對方可以給自己想要的重視、親密和關心。

在我的課堂上，有一個同學曾經講過一個爸爸跟他要錢的案例，可是這個同學的生活已經很艱難了，爸爸依然在跟他要錢。這個同學轉出自己僅有的一萬塊人民幣之後，感到無比委屈，然後又要回來了，於是爸爸就說了一堆「兒女靠不住，我只能靠自己」的話，這個同學就覺得更加委屈了。

在這個故事中，這個同學和爸爸一樣，渴望得到理解、重視。在女兒眼裡，爸爸意味著「強大」，爸爸就該有能力理解女兒；而在爸爸眼裡，女兒意味著「新生力量」，年輕人是充滿無限可能的，是有能力重視爸爸的，但是他們完全看不到，其實雙方都沒有足夠的能力給予彼此。

二、自己的需求是無限的

不要覺得你只是想要一點點的親密感而已。當你得到一點點親密感之後，你只會得到短暫的滿足感，接著就會有更多親密感的需求，直到將對方吞噬掉，那時你就會覺得「看吧，我果然是不值得被愛的」。

從某種層面來說，對親密感的需求就像是成癮症一樣，得不到的時候有些寂寞，總想嘗試一下；得到的越多就越容易上癮，越是依賴。

的確有的親密感會療癒人，但那種療癒絕不僅僅是透過親密過程發生的，而是人在親密過程中學會了愛自己。

我們一定得學會自我反思，才能完成療癒。

當我們從他人那裡難以獲得親密感的時候，我們就需要學習跟自己親密。一個人之所以特別需要親密感，是因為他完全不跟自己親密。

想像一下，有一個蓄水池，一方面你需要放水進來，讓水池裝滿水；另一方面，你又會在底下偷偷把水放走，這就導致水池對水有無止境的需求。那麼人是怎麼放掉自己的水的呢？

比如說認可，你需要認可說明了你缺乏價值感，他一說你不好，你就覺得你的本質馬上就改變了，你把判斷你是否好的權利交給對方，那麼此時你就是沒有認可自己。

一個人之所以對否定的忍耐度不高，是因為他自己也不確定自己是不是好的。他的內心有所懷疑，有裂縫存在，別人的否定就會順著這條裂縫闖入，擊中他的內心。其次，他對自己其他地方也有很多否定，懷疑自己整個人都是不好的，這時候他的價值感就很脆弱，隨便一個否定都可以擊穿他的價值感。

因此，你可以問問你自己，當你介意別人說你不好的時候，你覺得自己是好的嗎？有的同學會在媽媽責怪自己不孝順時憤怒，可是你問問自己，你內心對於自己孝順這件事是肯定的嗎？你對自己別的地方有多少否定呢？

比如說重視，你很需要別人把你放在第一位。有的同學對伴侶忽視自己很憤怒，好像無論自己怎麼發聲，伴侶都看不到自己的需求，自己彷彿是可有可無的存在。這樣的同學就需要去思考，你平時在人際關係中，會把自己放在第一位嗎？當你體驗到自己的自私、愧疚時，你是堅持優先滿足自己的需求呢，還是會選擇妥協，放棄自己的需求呢？如果你在生活中總是把自己的需求放在第二位，你就會想在親密關係中尋找補償，渴望伴侶將你的需求放在第一位。

有的人需要被接納，他們對於被控制的忍耐程度很低。有個同學說，他在和老公、孩子一起出門的時候，老公總是催促他，這讓他覺得自己被控制了，心生反感。他覺得自己又不是故意慢吞吞的，已經很快了，孩子的事還特別多，他很委屈。這時候我就問他：「相對於你老公，你的確是慢呀。即使是事情多導致的，那也是因為你消耗的時間比老公長呀。慢本身不是問題，問題是就算你承認了自己不如老公快，又能怎樣呢？」

他突然意識到，其實他之所以不能承認自己比老公慢，是因為他自己沒辦法接納自己慢了。他很想滿足老公快一點的需求，不能接納「我比老公慢」和「我讓老公失望了」的事實。

一個人需要被別人接納的時候，而他並不接納自己時，他就會覺得「只有別人接納我，我才能做自己；只有別人允許我，我才能不去改變」。

跟自己親密，就是去問自己：「當你需要別人的某種愛時，你自己嘗試了嗎？」

04 渴望感情，是因為渴望被二次養育

親密的本質是當自己無法照顧自己的時候，需要有個人來照顧。那我們為什麼不會照顧自己呢？

一個人之所以內心有匱乏感有兩個原因，一個是父母當年使用錯誤的方式對待我們，其中錯誤的方式就是父母沒有教會我們如何照顧自己；第二個是我們自己長大後，沒有透過學習學會如何養育自己。

◆沒有教我們如何照顧自己

懂得生活的父母能教會孩子如何照顧自己的生活，包括在家如何穿衣服、做飯、收拾房間，在外如何與人打交道、如何上進、如何處世。瞭解自己的父母則會教會孩

子如何照顧自己的內心，會告訴孩子「別怕，我保護你」，從而讓他內化出安全感；會告訴他「你是可以的」，讓他內化出自由；會告訴他「你很棒」，讓他內化出價值感；會跟他一起玩，讓他體驗到遊戲的意義。

不瞭解自己的父母沒有教過自己的孩子關注自己的內心，孩子便不會這麼做。這樣的父母自身就經常缺乏安全感，會在內心充滿恐懼的狀態下生活著；自身缺乏自由，總是在強迫自己做不喜歡的事；自身缺乏價值感，對自己是否是好的這件事充滿了懷疑，這樣的父母照顧不了自己的內心，自然也無法教會孩子照顧自己的內心。

這個教的過程並不是用語言告訴他怎麼做，而是自我滿足感比較充足的父母透過滿足孩子來讓孩子體驗到被滿足是什麼感覺，至於自我滿足感匱乏的父母則無法教會他們的孩子。

你可以想像，自己都很焦慮的父母，怎麼可能教孩子如何收穫安全感呢？

◆剝奪

父母不能教會孩子如何獲得滿足感的話，出於生存的本能，人會透過自我探索學習如何滿足自己，然而遺憾的是，有的父母還會剝奪孩子本來就不多的滿足感。這些父母會恐嚇孩子，剝奪他的安全感；會限制孩子，剝奪他的自由；會打擊孩子，拿走他的價值感；會不允許他享受，不讓他體驗到意義。

父母的力量是絕對大於孩子的，所以他們的剝奪必然是成功的。這麼說並不是要原生家庭為個人的親密感匱乏負責，而是因為一個人長大之後，他可以自己滿足自己，所以內心親密感匱乏的原因之一就是我們自己長大後，沒有透過學習學會如何養育自己。

原生家庭沒有滿足你的，你可以自己填補，當你自己不想填補的時候，就會責怪原生家庭。讓原生家庭背負責任的確是逃避自己當下責任的一種方式，會讓人逃避掉自己當下的責任：「只要我認為是爸媽的錯，我就可以不用去改變了」，但這樣的方式對於現在親密感匱乏的自己來說是於事無補的。

首先，爸媽本身就不願意被改變，甚至是很難被改變；其次，對你有影響的並不是現在的父母，而是過去的父母，過去是不可能被改變的。

這時候，一個人自救的方式就是渴望他人來愛他，來滿足他內心的需要，於是他就會渴望與人建立關係。嘗試跟一個人建立親密關係，就是一個人嘗試自救的方式之一，所以好的感情的本質就是二次養育的能力。

在婚姻中，與伴侶相處時，如果他能做到父母不能做的事，如果他能做到我們不能為自己做的事，我們就得到了二次養育。

我們渴望感情，是因為渴望被二次養育，渴望長大。當你對感情執著的時候，你可以先欣賞一下自己為了得到內心的滿足感而做出的努力。但是，並不是誰都這麼幸運，壞的感情就是二次傷害。有的人遇到的伴侶犯了和自己父母一樣的錯誤，對他們造成了新的傷害，本來想找個人遮風擋雨，卻又發現風雨都是這個人帶來的。

即使如此，你也不必自怨自艾，你依然有機會重新得到成長，你可以自己養育自己，做自己的父母，陪伴自己重新長大。畢竟，寄託希望給別人終究是不確定的，養育自己卻是我們可以控制的。

養育自己的過程，就是愛自己的過程。

Chapter 7
養育你自己

01 自我強大的三個表現

挫折是必然的。

我們活在這個世界上，會遇到來自他人的敵意，會面對環境的變化，要為了活下去克服很多困難，要為了過得更好面對很多事情。這些過程註定不是一帆風順的，是要經歷挫折的。

如果我們的心理足夠強大，我們就有足夠的能力應對這些挫折。然而，這是不可能的，我們必然會在某些時候被挫折所擊垮。幸運的是，我們又不是弱不禁風的，對挫折並非毫無承受能力，我們能長這麼大，肯定經歷了很多風雨。

那我們能承受多大的挫折呢？有人把這個能力叫作ＡＱ（Adversity Quotient），也就是挫折商或是逆境商。一個人的智力表現是ＩＱ（Intelligence Quotient，智商），情緒管理方面的表現叫ＥＱ（Emotional Quotient，情商），這三商就像是人內心世界的三個支柱，共同構成一個人的心理健康基礎。

ＡＱ的核心指標就是心理彈性，你的ＡＱ越大，你可以承受的挫折就越大。你可以想像一根彈簧，彈性越大，承受的壓力就會越大。我們每天都在經歷不同的挫折，正是因為我們的心理擁有一定的彈性，我們才有能力承受這些挫折並盡快恢復狀態。

心理彈性的強度就是心理強度，也叫自我強度，也有的人把這種能力叫逆境復原力。從名字上來看，我們可以理解為一個人在經歷、承受挫折時，克服挫折並恢復到正常狀態所需要的能力。

擁有良好的復原力，有三個重要表現：

一、面對現實

當挫折、困難來臨的時候，你能夠冷靜地接受，不會慌亂，不會偏離大的軌道，積極面對現實。你的理性不會缺席，你不會讓情緒代替你去做決定。

比如說，你不小心坐火車坐過站，你能不能冷靜地接受這個事實呢？坐過了一、兩站還是能夠接受的，但是坐過了十站還能夠接受嗎？

心理復原力弱的人就會開始責怪自己了，覺得自己怎麼可以這麼蠢，然後陷入自我否定。這個心情會一直影響他做自我判斷，影響他接下來所做的事。

而心理復原力比較強的人則會面對損失，他知道他坐過了十站，浪費了一些時間甚至浪費了一些錢，但這是已經發生的事，他覺得責怪自己沒有意義，他知道自己需要盡快接受這件事，並思考一下接下來怎麼辦。

有的人會受到失戀、離婚、失業等挫折的衝擊，陷在負面情緒裡難以自拔，然後會用飲酒、旅遊、逛夜店等行為來逃避、麻痺自己，而這些都是不能接受現實的表現。

有的人失戀後，在明知道已經沒有可能的情況下還是會反復聯絡對方，控制不住想要和好。有的人在婚姻中體驗到被忽視的時候會憤怒，在伴侶不負責任的時候會憤怒，在孩子不寫作業的時候會憤怒，這些都是他們的情緒在替他們做決定，他們已經無法透過復原力修復自己的狀態了。

復原力強的人則會面對現實，用思考代替抱怨和逃避。

二、尋找意義

當挫折、困難來臨的時候，你不僅能夠冷靜地接受，還不會影響你對自我的判斷，依舊能夠滿足自己的安全感、價值感和自由。

比如說，你坐火車坐過十站的時候，你不會因此責怪自己是否愚蠢，不會產生自我否定，不會動搖自己的價值感，並且能夠找到其中的意義：雖然你坐過了十站，但你能迅速調整你的認知，發現即使坐過了十站也有好處，你可以帶自己去一個從未去過的地方，發現新的驚喜。

當你失戀的時候，也許你很難過，但你會去尋找其中的積極意義，會去思考這段感情帶給自己的收穫是什麼。如此，你就可以把一段破碎的感情變成尋找更好生活的素材。

復原力強的人，在受挫的時候不會自怨自艾，而是會去發現現狀中具有積極意義的部分。

每一個錯誤、每一個挫折都有積極的意義，都是具有兩面性的。

三、靈活變通

當挫折、困難來臨的時候，你不僅能夠冷靜地接受，還可以靈活變通。

比如說，你坐火車坐過十站，在那一刻你能隨機應變，想出辦法來解決這個問題。你可以利用當下的資源想出解決辦法來，例如下火車，找公車、客運或計程車幫你回到目的地，或者你乾脆改變你的計畫，前往新的目的地。

比如說，你旅遊的時候沒有到你想去的地方，而是到了另外一個地方，你是會感到很煩、很受挫呢，還是會欣然接受，去看新的風景呢？

當你在感情裡受挫的時候，比起思考「他怎麼可以這麼對我」，你更感興趣的是「此刻我可以做什麼」。

復原力強的人，無論現狀有多無奈，總能在現在找到三條以上可以走的路，對他們來說，從來都沒有死路。

不要覺得這些表現很高級，實際上，你在很多時候都是擁有復原力的。比如說，你約了朋友去購物中心吃飯，突然發現原本想吃的餐廳關門了，這時候你會陷入負面情緒嗎？

你會很快接受現實——「好吧，人家就是倒閉了我也沒辦法」；

很快找到積極意義——「還可以逛逛購物中心，起碼出來走了走，起碼知道了一個新消息，這家餐廳關門了」；

靈活變通並找到新方案——「那就去吃別的吧」。

◆應對挫折的四個層次

我們並不是所有挫折都無法應對，也不是所有挫折都有能力應對。我們遇到無法應對的挫折時，就會體驗到糟糕的感覺，那是一種挫折體驗，這有一個計算公式：

挫折體驗＝刺激強度－自我強度

人是有一定的自我保護能力、自我消化能力的，當刺激強度小於自我強度時，人就能夠自我消化挫折，擁有良好的復原力，繼續正常而幸福的生活。此時，人的內心是豐盈的、滿足的。

當刺激強度超過自我強度的時候，人就會對挫折產生糟糕的體驗，這就意味著我們的內心已經無法自行消化所面對的挫折了，我們的內心體驗到了某種匱乏感，那一刻，就像是肚子餓了一樣，你的心裡會很難過。

所以，人並不是所有時候都充滿匱乏感的，只有自我強度不足以支撐某些現實刺激的時候，人才會體驗到無力；當你能夠支撐的時候，人體驗到的是滿足、意義。

自我強度可以分為四個層次，這種防線跟人的免疫系統是一樣的。人的身體有三層防禦系統，第一道防線是皮膚，它可以自動隔絕掉大部分病菌；人體的第二道防線是吞噬細胞，當病菌進入人體後，吞噬細胞會主動出擊作戰，針對性地殲滅病菌。吞噬細胞失敗後，人的身體還會啟動扁桃腺、淋巴結等免疫器官進行最後的作戰，這三道人體免疫防線保護著我們的身體，避免它被病菌傷害。

自我強度的四道防線如下：

一、第一道：無意識地消化挫折

在這個層面裡，人會自動消化掉所面對的挫折，比如你平時吃東西的時候，你是意識不到你是在消化的，一切食物的消化工作都在你身體裡無意識地自動運行。

在這個層面裡，你經受的挫折不會刺激你的情緒，它就像一個日常事件一樣被你經歷著，你能接納它並允許它發生，不介意這樣的挫折。

比如說，你多花了幾十塊錢買貴了一個東西，這是一個挫折事件，但你不會去介意這幾塊錢，因為你知道這幾塊錢對你產生不了什麼影響。今天下班的時候突然下雨了，這是一個挫折事件，你立即更改計畫選擇加班，或者打電話給某個人來替你送傘，這些對你來說都是一些沒有必要放在心上的挫折，你完全能自行消化。

二、第二道：理性消化

當挫折再大一點時，則會突破你自我強度的第一道防線，你已經無法無意識地自行消化了，你必須借助你的理性。就像你吃了很多東西，現在你感覺有點撐，你有腹脹感，你得刻意地去運動、散散步，消化積食。因為你有意識的調整，可以消化掉讓你難受的食物。

同樣，當你遇到一些你無法自動消化的挫折的時候，你會體驗到憤怒、挫敗、悲傷、委屈、孤獨等糟糕的感覺。比如被放鴿子了，你會憤怒；被主管無故罵了，你會委屈，然而你不會被這些挫折所打倒，你有足夠的理性知道該怎麼去應對，你可以去據理力爭或逃避、休息，你僅僅是靠自己的經驗和能力就能把這些事擺平，讓自己的負面情緒代謝掉。

或者你會求助，尋找朋友的傾聽和幫忙，你相信你可以獲得足夠的支援幫助你消化掉這些負面情緒，這時候你不需要刻意尋找親密感，你現有的關係足以支撐你。

這時，其實是你守住了第二道防線，你使用理性戰勝了挫折。這是一個主動出擊的過程，可以類比身體內的吞噬細胞主動出擊。

三、第三道：渴望親密和幫助

當你開始懷疑自己的消化系統有問題，總是容易感覺到腹脹、胃痛，你已經沒有辦法靠自己來讓腹部感到舒服時，你就會想要尋求醫生的幫助。

同樣，當你體驗到一些無法消化的負面情緒的時候，你就開始渴望親密感了。我們講過，親密關係的作用之一就是幫助我們面對自己面對不了的困難，滿足我們無法自我滿足的需求，此刻你無法自我安撫，你很需要親密感。

當你無法消化自己的憤怒的時候，你會渴望被尊重、被重視，或者被理解、被關心。你需要別人給予你某種親密感，好讓你安撫自己的憤怒，面對無法面對的挫折。當你無法消化自己的孤獨時，你就渴望有人關心你、重視你、陪伴你，幫你安撫孤獨。

所以，當你開始渴望親密感的時候，你要知道，現在你有一些糟糕的情緒，你自己沒有能力消化，而你的糟糕情緒代表著你的內在有一部分無法實現自我復原，此刻你無法安撫自己，你只能透過需要親密感來求助。這時候，你需要心疼自己。

當你需要親密感時，你就已經在使用第三道防線應對挫折了，這是你自我保護的方式，值得自我感激。

四、第四道：被動應對

有的人喪失了主動尋求親密感的能力，就會不相信親密關係，可是又會有自己無法面對的挫折。有的人雖然相信親密關係、想要尋找親密，但又沒有人能給他想要的那種親密，對於這樣的人來說，那一刻是很絕望的，這種絕望就是「沒有人能幫我，可是我自己又克服不了挫折，安撫不了自己」。

在絕望中，人失去應對挫折的能力，只能被挫折所奴役。比如，感到孤獨的時候，你只能忍著，然後看著天慢慢亮起，孤獨自行離去；感覺到憤怒的時候，你會被憤怒所牽引，說出不受控制的話，做出不受控制的事。

使用衝動、等待等本能反應來應對挫折，其實是一種被動應對。這一刻，挫折太大了，情緒太濃了，包圍了你整個人。即使如此，挫折也終會過去。

就像暴風雨一樣，也許它來的時候你無力抵抗，造成你很多損失，但只要你沒有死，你終將用自己的方式扛過去。

我們經常勸自己要堅強、要振作、要理性，要控制好自己的情緒，不能逃避、不能任性，然而又經常做不到。實際上，過大的挫折已經超出我們自身的承受能力，超出我們能找到的資源和幫助的限度了。

所以，當你陷入情緒、被情緒所操控、感覺沒有出路的時候，你就需要意識到一個問題——此刻，有情緒不是你的錯。你所遭遇的現實刺激超出了你的承受能力，而你卻沒有得到來自他人的一些幫助，於是你只能依靠本能反應來情緒化應對，這是你最後的自我保護防線。

當你感覺到不想面對、無法面對時，你的第四道防線被突破了。

此刻，你之所以無法承受，是因為你的內在有一些無力感。你的內在空了，沒有能量支撐你面對挫折了。這時候，你特別需要自我關愛。

無法控制的情緒和逃避的行為看起來是對現實具有破壞性的，可是那就像你的身體一樣，恰好是你最後的自救機會。有一個關於癌症的理論研究曾講過，癌症是人最後一次孤注一擲的自救。人體的第三層免疫系統被突破後，我們自身的免疫系統已經無法再保護自己了，這時候身體裡某些被病菌嚴重攻擊的細胞就會尋求突變，尋找最後的自救機會。同時，細胞突變也意味著失控，會帶來額外的巨大破壞，這就是癌症。

假如這個理論是真的，那麼人的身體真的非常偉大。癌細胞和情緒化一樣，都是人體在做最後的自殺式自救。這時候，你怎麼能不心疼自己呢？

◆養育你內心的小孩

比起如何應對挫折來說，如何提高挫折的承受力是一件更重要的事，畢竟人生苦難重重，總是會遇到各種不順心。

提高挫折的承受力實際上就是增強復原力，而復原力的基礎就是良好的心理滿足感，所以，提升挫折承受力就是安撫自己，自己修復自己的匱乏感，這個過程就是我們要講的核心——養育自己。

當你小時候沒有被很好地對待，你也就沒有形成較好的復原力。當你長大後依然沒有很好地被愛，你就還是會很脆弱。現在，當外在不可再被改變，你最需要的就是照顧好自己。

每一次你在情感中的求而不得，每一次你面對挫折時的無可奈何，每一次你難以忍受的情緒，都是一個良好的機會：你需要面對自己內心的匱乏感，學習如何安撫自己。

養育自己分五步：

一、回到內在

當你有糟糕的情緒時，不要再責怪他人與環境，也不要再責怪自己。比起責怪，更重要的是問問自己怎麼了，你需要把注意力引回內在，做好深度思考的準備。

這一步很簡單，但也很難。這是關鍵的一步，是改變方向的一步，你需要幫自己的自動反應按一下暫停鍵，然後將注意力從「誰錯了，怎麼錯的」轉移到「我的內在發生了什麼」上。

我建議你找到一個可以書寫的環境，可以拿出你的紙筆，也可以打開你手機裡的記事本，或用其他方式記錄。這種儀式感可以幫助你完成心態的轉變，同時也會為接下來的深度探索做準備。

二、尋找期待

每個情緒背後都對應著一個或多個期待，而負面情緒的背後都是一些未被滿足的期待。你需要問問自己，這個情緒在說你想要什麼呢？

當你因為孩子不好好寫作業而憤怒，你的期待就是他好好寫作業；當你因為在工作中犯了錯而自責，你的期待就是在工作中不要犯錯；當你因為和某個人分手而難過，你的期待就是他不要跟你分手，這些都是你未被滿足的期待。

試著寫下來，有多少寫多少。

如果你不知道那一刻自己的期待是什麼，你可以試著問自己：此刻讓你不開心的事是什麼呢？理想狀態下，你最希望事情怎麼發生呢？你所不能接受的事實是什麼呢？事情怎麼發展，你會感覺到開心呢？

為了讓期待更具體，你可以同時寫下你為什麼會有這樣的期待。

三、尋找邏輯，找到匱乏所在

這個期待未被滿足，對你來說意味著什麼呢？會有什麼後果呢？嘗試聯想看看，直到聯想到你自身對安全感、自由、價值感、親密的匱乏，並總結你所使用的邏輯。

尋找邏輯的方式就是問自己一個「如果」的問題：

如果這個期待沒實現，代表什麼？

如果這個期待實現了，代表了什麼？

如果這個期待沒實現，會麼怎樣？

如果這個期待實現了，會麼怎樣？

也許這個期待沒有實現，會帶給你很多關於糟糕結果的想像。

比如說孩子不寫作業會讓你感到很憤怒，你的期待就是孩子寫作業，而這其中的邏輯就是「如果孩子不寫作業，將來就會A、B、C、D，這讓你感覺到特別害怕」。

比如說你去找上司請假，你感到很焦慮，你的期待是上司不要對你有看法，邏輯則是「如果上司因為你請假而對你有別的看法，你將來的工作就會A、B、C、D，你感覺未來會很糟糕」。這時候，你就找出了「如果發生了A，就會有B、C、D等可怕的結果」這一邏輯，那就表示你的安全感匱乏了。

也許這個期待沒有實現，會讓你覺得即將要做很多不想做的事。

比如，你期待孩子去寫作業，你內在的邏輯聯想是「孩子不寫作業，將來就會無法立足，我就必須照顧他」，那這時候你的邏輯就是「孩子過得不好，我就必須照顧他」，這是一個「如果發生A，我就必須B」的邏輯，表明此刻你缺少自由。

也許這個期待沒有實現，會讓你覺得自己特別差勁、無能。

比如，你被分手了，你非常難過，你會期待對方不要離開你，那你的內在可能有一個非常明顯的想法：「他拋棄了我，就代表了我不好。」這是一個「如果A，就代表了我不好或沒有能力」的邏輯，表明你的價值感有所匱乏。

也許這個期待沒有實現，會讓你覺得自己是不被愛的。

比如，他說你今天碗沒有洗乾淨，你感到憤怒。你背後的期待就是「他不要說我碗沒有洗乾淨」，這可能會讓你覺得「他這是在否定我，不在乎我」，那麼你使用的邏輯就是「他說我碗沒有洗乾淨，就是否定我」，這是一個「如果A，就是不愛我」的邏輯，表明你匱乏了親密感。

只要你反復問自己「這個期待沒實現，代表了什麼」和「這個期待沒實現，會怎樣」這兩個問題，再結合前面學過的知識，你就能輕易地找到自己所使用的邏輯，並精確找出你所匱乏的感受。

四、追問來源

這個邏輯是哪裡來的呢？從哪裡學會的呢？誰教的呢？

仔細詢問自己，你會發現，這是我們從小到大積累的經驗，現在已經未必適合了。

因此，你要給自己一個修改的空間。

五、修改邏輯，填補匱乏感

這個邏輯必然有不合理的地方，你可以思考一下如何修改。修改不合理邏輯的目的就是停止自我傷害。我們講過，安全感匱乏是因為自我恐嚇，自由感匱乏是因為自我強迫，價值感匱乏是因為自我否定，親密感匱乏則是因為拒絕愛。

當你能夠識別自己這些心理時，那一刻，你就不會再剝奪自己的內心能量了，你就不會進一步消耗自己，同時你也可以去尋找新的方式進一步滿足自己的匱乏感。

02 幾個匱乏的關係

◆安全感與自由

安全感匱乏是最底層的，為了得到安全感，人會放棄自由。

自由匱乏的邏輯是「如果發生A，我就必須做B。而我之所以必須做B，是因為如果我不做B，就會有危險C」，這時候就導致了安全感匱乏。

◆自由與價值感

我們害怕自己喪失價值感，害怕自己是無能的，因為價值感喪失阻礙了我們實現自由。

我們潛意識裡的邏輯就是「如果我不夠好或無能，我就做不了B了。如果我做不了B，我就不能去做我真正想做的事了。同時，如果我做不了B，我就會面對危險C，也就活不下去了」。

活著是需要一些條件的，而完成這些條件需要價值感。

比如說，有一個同學有社交障礙，他覺得自己在社交中很容易緊張，因為自己可能表現得不好，會不被別人喜歡，那麼他的邏輯就是「如果我緊張，就代表我表現得不夠好，就是我不好」，這是典型的價值感缺失。

「我只有表現得好，才能跟別人社交」反過來就是「我如果沒有準備好如何表現，我就不能去社交」，這是一個自由匱乏者的邏輯。

「如果我沒有準備好就去社交，別人就會嫌棄我、拋棄我，我就會孤獨地一個人面對生活，我就會被時代拋棄」，這是一個安全感匱乏的邏輯。

因此，安全感、自由、價值感的關係其實是循序漸進的。

價值感是在解決自由，表示我有了能力我就可以做某件事了，我做完了，我就真正自由了。

自由是在解決安全感，我非要做某件事，是因為我不做，我就有危險。

◆親密與其他

我們害怕不被人愛，但不被愛有什麼好恐懼呢？別人不喜歡你的最大後果無非就是「他不喜歡我，他就會離開我」。

我們怕的其實不是不被喜歡，而是被拋棄，因為不被喜歡了就會被拋棄，但這個邏輯其實是站不住腳的。某個人離開你，你還有別人呀。如果你相信被某人拋棄後，有更多更好的在等著你，你就不會害怕，你潛意識裡覺得被他拋棄後就沒有人要了，才會感覺到恐懼。

我們怕的也不是被拋棄，而是怕孤獨。一個人對於孤獨的狀態太恐懼了，就失去了檢驗現實的能力，思維會被自己的恐懼牽著走，然後又會製造新的恐懼。

你有多怕不被喜歡，就有多怕一個人面對生活。但一個人有什麼好怕的呢？一個人不是應該覺得自由自在，很開心嗎？其實一個人並不會直接導致害怕，對一個人的狀態進行很多危險的聯想才會導致害怕。

那一個人會發生什麼呢？有的人內心很脆弱，他潛意識裡感受到的是：「當我一個人的時候，我會覺得這個世界只剩下了我。而我一個人面對不了這個危險的世界，我需要別人來保護我、幫助我，我才能安全地活下來。雖然我現在可以自己賺錢，可以自己照顧自己，可是我不知道未來會發生什麼困難，讓我無法面對。」

雖然從目前的狀態來看，一個人也可以活，但是這根本經不起「萬一」和「將來」兩座大山的威嚇。在這兩座大山的陰影裡，人可以自己製造一萬種死法，讓自己覺得一個人活不下去。

但這裡面不包括「孤獨至死」、「無聊到死」，從來沒有人會因為孤獨和無聊而死亡，這不符合生物學規律。如果你覺得孤獨和無聊很難受，那這不一定是安全感匱乏，倘若是與安全感相關，你一定能找到你擔心的某種死法。

如果你有一個孤獨的內在，你就會發現那裡有一個無助的自己，不知道該怎麼獨自生活。因此，有的人在孤獨的時候就特別想抓住一人來逃避孤獨。

不被愛是關乎生死的事，如果你害怕別人不喜歡你，害怕孤獨，實際上你是安全感匱乏。對於安全感缺失的人來說，他們的邏輯就是：「他不重視我，就是不喜歡我；不喜歡我，就會拋棄我；拋棄我，我就會一個人，我一個人就活不下去了。」

有的人對於親密感的邏輯則是與價值感相互連結的：「如果他不重視我，說明我不好；如果他不接納我，說明我不好。」

不被認可，不被重視，不被在乎，有的人就會覺得這只能說明自己不夠好。他們的理由就是「如果我足夠好，他怎麼會不喜歡我呢？」實際上，別人不喜歡你，除了你好不好之外，還有很多可能，可能是他不夠好，可能是你們不合適，但價值感低的人會直接因為親密感的匱乏而將其關聯到自己不夠好上。

親密感的喪失有時會成為失去自由的原因：「如果他不接納我，我就必須改，就不能做我想做的事。」有位同學想來上我們的心理課，但他老公不同意，他就很抓狂，他說自己不被接納了。在他的世界裡，邏輯是「老公不接納我學心理學，我就不能去上心理課」，其實只要他自己想來，有很多辦法可以來，但他把自己的自由建立在老公的接納之上，因為沒有得到接納，他就覺得不能做想做的事了。

◆自由與親密、安全感、價值感

一個人的內心之所以會匱乏自由，是因為他進行了自我強迫，他在強迫自己做內心不想做的事，他就不自由了。

表面上看起來，有時候是別人在強迫我們，讓我們不自由，實際上是「我不能拒絕你」和「我不能離開你」的想法才讓我們失去了自由。

一個人為什麼要剝奪自己的自由呢？

一個人剝奪了自己的自由有時候是為價值感服務的，這時候一個人的內在邏輯可能就是：

「如果我拒絕別人、離開別人，就會傷害到別人，那我就是不好的，就是個壞人，就代表我很差勁。」

「如果我離開別人，就代表了我是個無情無義、過河拆橋、不負責任的人，我就是個不好的人。」

不拒絕別人、不離開別人有時候是為親密感服務的：「如果我傷害到別人，別人就會不喜歡我。」而親密感又是為安全感服務的：「如果別人離開我，我就會一個人，我將來遇到困難就沒人幫忙，我就會活不下去了。」

所以，犧牲自由是為價值感、安全感、親密感服務的：「我不能自由地做自己就是怕失去你，就是想得到你的關注。我怕失去你，就是怕你不喜歡我、離開我，那我就一個人了，活不下去了。我做了自己，跟隨了自己的感覺，任性了，我可能就不是好人了。」

◆價值感與親密、自由、安全感

有的人內心的邏輯是「如果我不好，別人就會不喜歡我」，這時候他認為價值是被人喜歡的前提；「如果我不夠好，我就不能去做我喜歡的事」，這時候他認為價值是自由的前提；「如果我不夠優秀，別人就會欺負我」，這時候他認為價值是安全感的前提。

03 如何養育內心的小孩（案例示範）

主訴：

我遭遇了一些生活打擊，恰巧遇到一個人安慰我，我對他產生了依戀之情，可是我們的價值觀、生活方式很不一樣，不可能變成情侶。我對他就是有一種依賴感，情緒低落時想找他傾訴，這對他和對我都有困擾，我覺得很矛盾，不知道該怎麼辦。

接下來我們用養育自己的五步驟來分析：

第一步，回到內在：

你要知道的是，這不是你和這個人的矛盾，而是你自己內在的不同訴求之間所產生的矛盾。解決這個矛盾，實際上就是解決自己內在訴求間的矛盾，因此你需要往內看。

第二步，尋找期待：

這位同學的情緒體驗是矛盾感，這個矛盾表面看來是兩件事的矛盾：第一件事就是「我想跟他在一起，因為他讓我覺得可以依戀」，第二件事就是「我不能跟他在一起，因為我們的生活方式不一樣」，這兩件事在現實層面構成了矛盾。

每件事背後都對應著一個期待，第一個期待就是「我依賴他，期待能跟他在一起，我期待一個能傾聽並安撫我的情緒的人」，這個需要他的確能滿足。

第二個期待就是「我期待不要再跟他有糾纏了，因為我需要一個生活方式和價值觀都一樣的伴侶，但這個人跟我的價值觀和生活方式並不同」。

這兩個期待在現實層面是矛盾的，目前這個人不能同時滿足他的兩個需要，只能滿足一個，這就造成了這位同學的困擾：「我是該放棄還是不該放棄呢？我如果沒放棄，是可以擁有一位伴侶，這就意味著我沒有辦法再給他自我認同了。可是，如果我放棄了，那我連僅有的這個需要也沒了，真是一件糾結的事啊。」

在這種背景下，別人是無法替他做任何選擇的。我能給出的建議就是，去探索自己更深的需要——有個人能傾聽並安撫你的情緒，這背後更深的需要是什麼呢？價值觀一致的伴侶背後真正的需要又是什麼呢？

對這兩個層面都探索得足夠深入後，你就會找到自我滿足的點，就不會把那麼多的需要壓在別人身上來尋求滿足了。當你的需求找到新的出路，你對他人的依賴就沒那麼強了，你也不會如此糾結了。就像是吃漢堡還是吃披薩一樣，當你知道你是想要吃飽還是要吃好的時候，選擇就變得簡單多了，因此我們需要分開來分析這兩個期待，然後就可以找到解決方案了。

第三步，尋找邏輯，找到匱乏所在：

先看第一個期待：「我期待一個能傾聽並安撫我的情緒的人」。

一個人傾聽你、安撫你的情緒，對你來說有哪些好處呢？底層的獲益是什麼呢？如果他只是聽聽，聽完之後什麼也沒有回饋，這樣的傾聽你會喜歡嗎？如果他安撫你的方式是「別想了」、「算了吧」、「沒事了」，肯定也是不行的。

表面上，你期待的是一個能傾聽並安撫你情緒的人；實際上，你的內心深處有這些邏輯：

「如果他安撫我，我就可以……」

「如果他安撫我，他就會……」

他的安撫傳遞出一種感覺，好像在說：「別怕，還有我，我保護你。如果你有困難的話，我會幫你解決的。」對方能傾聽並安撫你的情緒，意味著可以幫你解決一些未知的困難，這個邏輯就是「如果他能安撫我的情緒，就代表了他會幫我解決一些困難」。

「解決一些困難」並沒有跟四個匱乏有所關聯，我們需要進一步思考，如果他能幫你解決一些困難會怎樣呢？不能解決困難又會怎樣呢？

進一步思考的結果就是，「如果他能幫我解決困難，我就不用自己去面對困難了。如果他不能幫我解決困難，我就必須自己面對困難」。

這是一個自由匱乏者的邏輯：「如果A，我就必須B」，那就是「如果我遇到了困難，而且他不幫我解決，我就必須自己面對」，進一步說就是「如果有困難，我就必須面對」，再強調一遍：「如果有困難，我就必須面對」。

聽起來沒什麼問題，且很常見，但其背後問題很嚴重。

對於困難，我們有多少處理的方式呢？

1. 馬上面對。
2. 暫緩，等有能力的時候再面對。
3. 逃避，放棄面對。
4. 降低要求，簡單處理。

然而，對這位同學來說，面對困難的時候只有馬上面對這一條路。當他感到自己面對不了的時候，就想拉一個人幫自己、陪自己面對，實現馬上面對困難的需求。我們可以感覺到他是一個積極、堅強、獨立、能幹的人，同時也過得很累，有些硬撐。

「對困難的忍耐程度不高」是很常見的問題，表現為當遇到困難的時候，就會想立刻想辦法解決，對於懸浮在那裡的困難忍耐程度不高，不能給自己時間等待，也不能允許自己放棄，這樣的人生其實是很累的。

有的人覺得，不能放棄啊，不能逃避啊，現實不允許啊，其實這就是一個「我的感受更重要」還是「現實問題更重要」的問題。一個不在乎自己感受的人永遠會想去挑戰困難，讓自己特別累。其實，為什麼一定要做呢？

我們講過，喪失自由是為安全感服務的，我們要進一步問：「會有哪些困難呢？不克服這些困難會怎樣呢？」這時候也可以運用「如果我不，我就會……」的安全感匱乏的思考邏輯。

第四步，尋找來源：

哪裡來的呢？誰教會了你有困難就必須面對呢？

有困難就必須面對的這種心理通常有兩種形成原因，一是沒有人主動幫助，所以只能自己面對；二是追求優秀，自我要求高。

如果有人主動幫助，你就有逃避的空間了，能讓別人做的也就不需要自己做了，即使沒人幫助，你降低自己的追求甚至放棄，你也不會體驗到必須面對。

那這兩點又是怎麼來的呢？

這和一個人的成長經驗有關。對這個同學來說，在父母那裡得不到實際的幫助，因為父母本身的生活已經不堪重負了。父母雖然會給予這個同學基礎的支持，在關心上卻非常匱乏，幾乎不會問他有什麼痛苦的地方、煩惱的地方、實際的困難。而且，父母還會傳遞出焦慮和挫敗的情緒，會指出他不好的地方，會經常批評，這讓這個同學覺得自己不得不做到很好，才能被愛。

第五步，轉化：

不是所有困難都必須面對的。對這個同學來說，他需要的是列舉自己生活中遇見感到壓力大的困難，使用排除法，放棄一半的困難，這樣他才會過得輕鬆一些。他需要把自己的感受放到比事情更重要的位置，從而保證自己的感受是被照顧的。

這個過程實際上就是照顧自己情緒的過程，當他有了安撫自己情緒的能力，對一個可以安撫自己的伴侶需求度就會降低。當這個需求被弱化後，他就可以重新思考：「在這個人身上，是否還有我可以留戀的地方？」如果他只有安撫你的情緒這一種能力，那你們的關係本身就不穩固。如果你對他的需要減少了，依然發現他很棒，那麼這才是你需要找的人。

第二個期待：「期待一個價值觀相符、生活方式相同的伴侶」。

很多人都會在伴侶關係中追求價值觀相合，實際上在關係中，我們對於不同的價值觀有三種處理方式：

1. 學習對方的不同，向他靠攏，體驗不同的人生。
2. 改變對方的價值觀，讓他跟自己一致。

3. 允許彼此不同，在不同的時候和方面各過各的。

在關係中不必非要價值觀相同，相同有相同的好，不同有不同的好，一定要相同且沒有能力堅持自己，就會出現問題。

那麼，價值觀相符帶來的是什麼呢？為什麼要有一個生活方式和價值觀都一樣的伴侶呢？這樣的伴侶會帶來什麼好處呢？價值觀不相符又會怎樣呢？

這位同學說：「價值觀相符，生活就比較輕鬆。因為你不用遷就對方，你們就可以一起生活。」

在這位同學的世界裡，價值觀不符就必須遷就對方，這是一個「如果A，我就必須做B」的邏輯，是自由匱乏的體現。這說明這位同學在關係中是沒有堅持自己的能力的，總是會習慣性地遷就對方，內心裡又不願意遷就。

他可以做的改變就是，不管對方的價值觀是什麼，如果你不想遷就，你就按自己的方式做好了。這時候，對方也許會遷就你，遷就是他的選擇，而這是不需要你承擔責任的。如果他不願意遷就，那你們的關係自然會斷裂，或者進入時而親密、時而獨立的狀態。

有的人會覺得這樣太自私，實際上這就是每個人都在做自己，讓關係自然流動，走向它該有的一種關係模式，也就這就是我們第一章所講的「自然經營」。

在關係裡，委屈自己、遷就對方才是真正的自私、不負責任，因為你遷就得了一時，卻無法遷就一世。你用一時的遷就給予對方錯覺，讓他認為真實的你就是喜歡遷就的，某種程度上，你已構成欺騙，你在為他將來的失望做鋪墊。

總結：

這位同學有兩個期待，期待一個能安撫自己情緒的人給自己安全感，期待一個價值觀相符的人給自己自由。這是一個安全感需求和自由需求的衝突，表現到外部就是不知道該不該跟這個人在一起：「他滿足了我的安全感，我想跟他在一起。但在一起之後就無法滿足我的自由感，所以我很糾結。」

如果這位同學在單身的時候找到屬於自己的安全感，就不會再執著於這個人了；如果能在關係中堅持自己，找到屬於自己的自由感，就不會再害怕價值觀不符了。

其實，選哪個都是一樣的，重要的是借助外在衝突，我們可以看到自己內心有哪些訴求發生了衝突。

後記

安全感、自由感、價值感、意義感、親密感，這些是人內心基礎的感知，人們很容易對它們感到匱乏。你在生活中遭遇的每一個痛苦事件，背後都基於對其中某種或多種感知的匱乏，當遇到的事情不同，你對這些感知的匱乏程度也會有所不同。

每當你的內心體驗到痛苦的時候，你都可以把刺激你內心的事寫下來，並反復問自己這樣一個問題：

那又能怎樣呢？

那又能怎樣呢？

那又能怎樣呢？

深度、反復思考這個問題後，你就可以找到內心深處的很多祕密。

不要覺得「人生就是這樣啊」、「所有人都這樣啊」，你要擁有懷疑一切的精神，這樣才能清晰地認識自己的人生，而這種精神也就是所謂的「格物致知」。

不斷推敲一件事情代表了什麼、能帶來什麼、有什麼影響，你對此有什麼想法，你會慢慢弄清楚自己內心的真實想法，瞭解真實的自己。

雨果曾說：「世界上最浩瀚的是海洋，比海洋更浩瀚的是天空，比天空更浩瀚的是人的心靈。」這個世界上你最不瞭解的其實是你自己的心，一個人的內心比宇宙都要豐富多彩，去探索它，你會找到更多樂趣和意義。

你不可能真正認識你自己，但我願你越來越瞭解自己。

高寶書版集團
gobooks.com.tw

新視野 New Window 246

擁抱受傷的內在小孩：瞭解真實的自己，看見自己的傷痛，找回療癒自己的能力

作　　者　叢非從
責任編輯　高如玫
封面設計　林政嘉
內頁排版　賴姵均
企　　劃　鍾惠鈞

發 行 人　朱凱蕾
出　　版　英屬維京群島商高寶國際有限公司台灣分公司
　　　　　Global Group Holdings, Ltd.
地　　址　台北市內湖區洲子街 88 號 3 樓
網　　址　gobooks.com.tw
電　　話　(02) 27992788
電　　郵　readers@gobooks.com.tw（讀者服務部）
傳　　真　出版部　(02) 27990909　行銷部 (02) 27993088
郵政劃撥　19394552
戶　　名　英屬維京群島商高寶國際有限公司台灣分公司
發　　行　英屬維京群島商高寶國際有限公司台灣分公司
初版日期　2022 年 9 月

原著作名：養育內心的小孩
中文繁體版透過成都天鳶文化傳播有限公司代理，由果麥文化傳媒股份有限公司授予英屬維京群島商高寶國際有限公司台灣分公司獨家出版發行，非經書面同意，不得以任何形式複製轉載。

國家圖書館出版品預行編目（CIP）資料

擁抱受傷的內在小孩：瞭解真實的自己，看見自己的傷痛，找回療癒自己的能力 / 叢非從著 . -- 初版 . -- 臺北市：英屬維京群島商高寶國際有限公司台灣分公司 , 2022.08
　面；　公分 . -- (新視野 246)

ISBN 978-986-506-482-2 (平裝)

1.CST: 應用心理學 2.CST: 自我實現

177.2　　　111010658